AF495446

Succession Henri LACROIX

TABLEAUX

ET

DESSINS

CADRES ANCIENS

OBJETS D'ART

ET

D'AMEUBLEMENT

Tableaux.

Dessins

Tableaux — École Française.	Tableaux — École hollandaise	Dessins — École Française.	Dessins — Hollandaise
Swébach — 3.	Berghem — 1	Swébach — 1.	Berghem — 1.
	Van Goyen — 2. (?)	[illegible]	Van Goyen — 1.
	Panini — 1.	[illegible]	Van Ostade — 1.

DON 04 2322

39193686

CATALOGUE

DES

TABLEAUX ANCIENS

DESSINS, AQUARELLES, PASTELS, GOUACHES

DE L'ÉCOLE FRANÇAISE DU XVIIIe SIÈCLE

ET

Des Ecoles Flamande, Hollandaise et Italienne

NOMBREUX CADRES EN BOIS DORÉ

DES XVIIe ET XVIIIe SIÈCLES

OBJETS D'ART ET D'AMEUBLEMENT

ANCIENNES PORCELAINES DE LA CHINE ET DU JAPON

ORFÈVRERIE DU XVIIIe SIÈCLE

MINIATURES, OBJETS DIVERS

RELIURES LOUIS XV ET LOUIS XVI

BRONZES — PENDULES — SIÈGES — GLACES — MEUBLES

DONT LA VENTE AURA LIEU A PARIS

Par suite du décès de M. Henri LACROIX

HOTEL DROUOT, SALLE N° 1

Les Lundi 18, Mardi 19, Mercredi 20, Jeudi 21, Vendredi 22
et Samedi 23 Mars 1901

A DEUX HEURES

COMMISSAIRE-PRISEUR

Me **PAUL CHEVALLIER**, 10, rue Grange-Batelière

EXPERTS

Pour les Objets d'art :	*Pour les Dessins :*	*Pour les Tableaux et Dessins :*
MM. MANNHEIM	M. A. DANLOS	M. J. FÉRAL
7, rue Saint-Georges	15, quai Voltaire	54, faubourg Montmartre

---

EXPOSITIONS SALLES Nos 1 ET 2

PARTICULIÈRE : *Le Samedi 16 Mars 1901, de 1 h. 1/2 à 5 h. 1/2.*

PUBLIQUE : *Le Dimanche 17 Mars 1901, de 1 h. 1/2 à 5 h. 1/2.*

4° V 36.14073

Du / Mag

CONDITIONS DE LA VENTE

Elle sera faite au comptant.

Les acquéreurs payeront *dix pour cent* en sus des prix d'adjudication.

L'exposition mettant le public à même de se rendre compte de l'état et de la nature des objets, aucune réclamation ne sera admise une fois l'adjudication prononcée.

Paris. — Imp. de l'Art, E. Moreau et Cie, 41, rue de la Victoire.

ORDRE DES VACATIONS

LE LUNDI 18 MARS 1901, à deux heures

TABLEAUX DES ÉCOLES ANGLAISE, FLAMANDE, HOLLANDAISE ET ITALIENNE

DU N° 102 AU N° 161

Nos		
161	Tableaux de diverses écoles non compris au Catalogue	
160	ÉCOLE HOLLANDAISE	Le Médecin de village.
159	ÉCOLE HOLLANDAISE	Paysage alentour d'une ville hollandaise.
158	ÉCOLE HOLLANDAISE	Le Retour de la pêche.
157	ÉCOLE ANGLAISE.	Étude de paysage.
156	ÉCOLE ANGLAISE.	Le Roulier
155	ÉCOLE ANGLAISE.	La Visite au grand-père.
154	ÉCOLE ANGLAISE.	La Femme à la colombe.
153	WOUWERMAN (Attribué à PH.).	Le Gué.
140	RUYSDAEL (D'après J.)	Le Gué.
149	WITHOOS (M.).	Fruits et gibier près d'un vase sur une table de pierre.
147	VADDER (L. DE)	Paysage accidenté.
144	SWAGERS (FR.)	Entrée d'un port en Hollande.
143	SPAENDONCK (Attribué à C. VAN).	Vase de fleurs posé sur une console en marbre.
142	SINGLETON.	Les Deux Rivaux.
119-120	GOYEN (Attribué à J. VAN). .	Paysages et bords de rivière animés de figures.
122	GUARDI (Attribué à F.).	La Place Saint-Marc à Venise.
118	VAN DYCK (D'après A.).	Une Dame et sa fille.
115	CUYLEMBOURG.	Diane découvrant la grossesse de Calisto.
116	CUYLEMBOURG.	Mars et Vénus.
113	BREUGEL D'ENFER (Attri. à P.	L'Enfer.
106	BONINGTON (R.-P.).	Vue prise aux environs de Brighton.
107	BONINGTON (R.-P.).	Milton et ses filles.
108	BONINGTON (Attribué à R.-P.) .	Les Deux Sœurs.
109	BONINGTON (Attribué à R.-P.) .	La Lecture.
139	RUBENS (D'après P.-P.). . . .	Hélène Fourment, seconde femme de Rubens, et ses deux enfants.
103	BERGHEM (M.)	Le Passage du gué.
124	HEEMSKERK	Réunion au cabaret.
126	HONDEKOETER (Attrib. à G. de)	Oiseau de basse-cour, fleurs et fruits.
129	LINGELBACH (J. VAN)	Vue d'une ville italienne au bord de la mer.

Nos		
146	THEOTOCOPULI (D. dit le GRECO)	Le Concert.
145	TENIERS (Attribué à D.)	Intérieur de tabagie.
135	OMMEGANCK (B.-P.)	La Ferme.
134	NAUWJNEX.	La Halte.
133	MOLYN (P.)	Environs d'une ville hollandaise.
130	LIVENS (J.).	La Martyre.
132	MOLYN (P.).	Chaumière au bord d'un cours d'eau.
128	LAAR (P. VAN)	Soudards à l'hôtellerie.
127	KESSEL (J. VAN).	Le Repos de la Sainte Famille.
125	HŒFNAGEL (G.).	Le Bain de Diane.
123	HEEM (D. DE)	Fruits, légumes, oiseau perché sur une branche, le tout sur une table de pierre.
112	BREUGHEL DE VELOURS (J.) .	La Route.
117	DIETRICY (C.-G.)	Loth et ses filles.
111	BREENBERGH (B.)	Jésus et la Samaritaine.
110	BOUT et BOUDEWYNS	Intérieur de village.
105	BLOOT (P. DE).	Paysage animé de figures.
102	VAN BALEN.	L'Eucharistie.
104	BLOOT (P. DE).	Danse villageoise.
114	CRAESBECK (J. VAN).	Buste d'homme coiffé d'un chapeau de feutre.
121	GUARDI (F.).	Vues des environs de Venise. (Deux pendants.)
136	PANINI.	Ruines et monuments de Rome. (Deux pendants.)
137	PELLEGRINI (A.)	Le Triomphe d'un empereur romain.
138	REYNOLDS (Attribué à Sir J.) . .	Robinetta.
141	SCHWEICKARDT (H.-G.). . . .	Vue d'un canal en Hollande.
148	VERKOLJE (N.)	La Collation.
150	WERF (A. VAN DER).	Portrait d'une Dame de qualité.
151	WERF (A. VAN DER).	Portrait d'un gentilhomme.
152	WERF (A. VAN DER).	La Peseuse d'or.
131	MAES (NICOLAS)	Portrait d'une dame de qualité.

TABLEAUX DE L'ÉCOLE FRANÇAISE DU N° 1 AU N° 56

3	BAUDOUIN (P.-A.)	Paysage animé de figures, cours d'eau et montagnes à l'horizon.
4	BÉRAIN.	Panneau décoratif.
2	BAR (B. DE)	Danse champêtre.
14	BRUANDET.	Route en forêt, animée de figures.
15	CALLET (A.-F.)	Le Triomphe de Flore.
16	CHARLIER (Attribué à J.). . . .	Le Triomphe de Vénus.
17	CHATELET (Ch. L.).	Tombeau de J.-J. Rousseau à Ermenonville.

Nos	
22 DESFRICHES.	Vue du Loiret aux environs d'Orléans.
23-24 DESHAYES (J.-B.).	Jeune Femme en buste.
25 DE TROY (J.-Fr.)	Le Triomphe de Mardochée.
28 EISEN (Fr.)	Jeux d'enfants.
47 MIGNARD (P.).	Portrait présumé d'Hortense Mancini
19 COYPEL	Portrait présumé de Mlle de Blois.
33 LACOUR (P.)	Portrait de l'artiste.
1 ANGÉLIS (P.)	Un Marché à Londres.
21 DEMARNE (L.).	La Foire de village.
26 DROLLING (L.)	La Chaumière.
29 FRAGONARD (H.	La Chasse à l'ours.
38 LAVREINCE (N.).	L'Ouvrière en dentelles.
39 LAVREINCE (N.)	Le Déjeuner en tête-à-tête.
42 LEPRINCE (J. B.)	Paysage russe.
49 MOREAU (L.)	Paysage avec maison rustique au bord d'un étang.
50 MOREAU (L.)	Bords de rivière.
51 MOREAU (L.)	Ferme au bord d'une rivière.
54 NONNOTTE (D.).	L'Agréable missive.
5 BOUCHER (F.).	Le Triomphe de Neptune.
6 BOUCHER (F.).	Ruth et Booz.
7 BOUCHER (Attribué à)	Pastorale.
8 BOUCHER (Attribué à)	Vénus endormie.
9 BOUCHER (École de).	Diane et Calisto.
32 HICKEL (J.).	La Repentie.
43 LE PRINCE (Attribué à J.-B.). .	L'Amour à l'espagnole.
45 MALLET (J.-B).	Réunion dans un intérieur.
40 LECLERC DES GOBELINS. . .	Le Concert improvisé.
41 LERICHE.	Fleurs dans un vase bleu orné de roses.
34 LAJOUE (Genre de J.).	Parc avec fontaine monumentale et figures.
35 LANTARA (S.-M.)	Paysage accidenté.
36 LANTARA (S.-M.)	Cours d'eau avec cascade.
37 LANTARA (S.-M.)	Paysage avec figures.
30 GREUZE (Attribué à J.-B.) . . .	L'Ecolier.
31 GREUZE (D'après J.-B.)	Les Sevreuses.
27 DUVAL (F.)	Paysagé d'une vaste étendue, animé de figures de bergers et d'animaux.
18 COYPEL (S.).	Renaud et Armide.
20 DE MACHY (P.-A.).	Ruines et Figures.
10 BOUCHER (École de F.)	Vénus et Amour.
11 BOUCHER (École de F.)	Femme vue de dos, dormant, étendue sur un lit.

Nos	
12-13 BOUCHER (École de F.) . . .	Les Amours moissonneurs.
	Les Amours vendangeurs.
46 MICHEL (J.)	Le Moulin à vent.
44 LE PRINCE (X.)	La Diligence.
48 MONNOYER (Attribué à B.) . . .	Fleurs dans des vases. (Deux pendants.)
55 OUDRY (École de J.-B.)	Chien blanc effrayant des canards.
56 PRUD'HON (Attribué à P.-P.) . .	Portrait de Femme.
52-53 NOEL	Vues de Parcs.

LE MARDI 19 MARS 1901, à deux heures

TABLEAUX DE L'ÉCOLE FRANÇAISE DU N° 57 AU N° 101

57 ROBERT (Genre de)	Une Allée du Parc de Versailles.
83 WATTEAU (D'après A.)	Groupe de cinq personnages des «Plaisirs du Bal».
88 ECOLE FRANÇAISE	Ruines et Paysage.
101 ÉCOLE FRANÇAISE	Femme tenant une urne sur un tombeau de forme pyramidale.
95 ECOLE FRANÇAISE	Paysage et cours d'eau.
93 ECOLE FRANÇAISE	Buste de Jeune Fille.
89 ECOLE FRANÇAISE	Portrait de Femme en buste.
86 ECOLE FRANÇAISE	Portrait de Femme.
76 VAN LOO (Attribué à C.)	Figure de Femme à mi-corps.
68 VALENCIENNES (P.-H.)	Paysage montagneux.
96 ECOLE FRANÇAISE	La Géographie.
97 ECOLE FRANÇAISE	Le Pont des Arts.
94 ECOLE FRANÇAISE	Portrait de Jeune Femme.
99 ECOLE FRANÇAISE	Fillette en robe rose dansant et jouant du tambourin.
100 ECOLE FRANÇAISE	Portrait de Fillette.
98 ECOLE FRANÇAISE	La Comparaison.
92 ECOLE FRANÇAISE	La Toillette de Vénus.
91 ECOLE FRANÇAISE	Le Magnifique.
81 VINCENT	Portrait d'Artiste.
80 VIGÉE-LEBRUN (Attrib. à Mme) .	Fillette assise, tenant une corbeille de fleurs.
79 VIALY	Portrait de Jeune Femme en Hébé.
77 WEUGHELS (N.)	Le Bât.
78 WEUGHELS (N.)	Le Petit Chien qui secoue des pierreries.
90 ECOLE FRANÇAISE	L'Ivresse du Peintre.
85 ECOLE FRANÇAISE	Jeune Femme assise dans un atelier.
87 ECOLE FRANÇAISE	Le Paysan entreprenant.
84 WATTEAU (F.)	Le Jardin public.

Nos

74 VAN GORP . . . . Le Rendez-vous.
66 SWEBACH (J.-F.) . . . . L'Arbre franchi.
64-65 SWEBACH (J.-F.). . . . . . L'Amazone. — Le Marchand de chevaux.
71 VALLIN. . . . . Daphnis et Chloé.
72 VALLIN. . . . . Sylvie et le Satyre.
73 VALLIN. . . . . Paysage avec figures et animaux.
75 VAN LOO (Attribué à). . . . . . Portrait de Jeune Femme.
61 RIGAUD (H.) . . . . Portrait présumé de la comtesse de Parabère.
63 SCHALL (Attribué à) . . . . . . Jeune femme se chaussant dans un parc.
62 SCHALL. . . . . Les Espiègles.
58 ROEHN . . . . Le Charlatan.
59 ROEHN . . . . La Levée du Camp.
67 TAUNAY (N.). . . . . L'Oiseau mort.
60 ROSLIN (A.). . . . . Portraits de Perronet et de sa femme.
82 WATTEAU (A). . . . . Le Concert des Singes.
69-70 VALLAYER-COSTER (Mme) . . Vases de Fleurs. (Deux pendants.)

DESSINS DE L'ÉCOLE FRANÇAISE, DU N° 162 AU N° 250

165 BOISSIEU (J.-J. DE) . . . . . . Trois Figures, l'une assise vue de dos.
162 BEAUDOIN . . . . Figures de Femmes portées sur des nuages.
163 BERTHELEMY (J.-S.) . . . . . Naïades et Dieux marins.
164 BLARENBERGHE (L.-N.). . . . Vue du Port et de l'Arsenal de Brest.
166 BOISSIEU (J.-J. DE) . . . . . . Le Grand-Père entouré de ses petits-enfants.
167 BOREL (A.). . . . . Vous avez la clé, mais il a trouvé la serrure.
168-169 BOREL (A.). . . . . Le Maréchal des logis.—La Demande en mariage.
170 BOUCHER (F.) . . . . Jeune Fille en buste.
171 BOUCHER (F.) . . . . Femme vue de dos, appuyée sur un socle.
172 BOUCHER (F.) . . . . Figure mythologique.
173 BOUCHER (F.) . . . . Pan et Syrinx.
174 BOUCHER (F.) . . . . Sujet tiré de l'histoire romaine.
175 BOUCHER (F.) . . . . L'Invention du dessin.
176 BOUCHER (F.) . . . . La Halte.
177 BOUCHER (F.) . . . . Études de Têtes de Femmes.
178 BOUCHER (F.) . . . . Nymphes et Amours groupés sur un nuage.
179 BOUCHER (F.) . . . . Le Mendiant et ses enfants.
190 CHARLIER (J.) . . . . Le Bain.
191 CHARLIER (J.) . . . . L'Autel de l'Amitié.
192 CHARLIER (J.) . . . . Les Lunettes.
198 DEBUCOURT (PH.-J.) . . . . . Chevaux de courses à l'arrivée.
210 FRAGONARD (H.). . . . . Vue des Jardins de la ville d'Este.

2

Nos	
212 GAVARNI.	Mon Epouse ? Elle a un anneau dans le nez : l'anneau du mariage.
213 GILLOT (Cl.)	Fête du Dieu Pan.
209 DROUAIS (H.).	Jeune Femme en buste.
221 HOIN (C.-J.).	L'Écluse.
222 HUET (J.-B.).	Le Pont rustique.
223 HUET (J.-B.).	Pastorale.
224 HUET (J.-B.).	Troupeau de moutons sous la garde d'un chien.
225 HUET (J.-B.).	Bergère et son troupeau près d'une arche en ruines.
226 HUET (J.-B.).	Troupeau conduit par des bergères.
227 HUET (J.-B.).	L'Enlèvement d'Europe.
228 HUET (J.-B.).	Animaux au repos. (Deux pendants.)
229 HUET (J.-B.).	Chinoiseries. (Deux pendants.)
237 LE PRINCE (J.-B.)	Le Traîneau.
241 MOREAU (L.)	Vue d'un Lac entouré de hautes montagnes.
242 MOREAU (L.)	Cours d'eau entre des rochers.
243 MOREAU (L.)	Paysage avec chaumière et cours d'eau.
244-245 MOREAU (L.)	Vue d'une rivière traversée par un pont; effet de nuit. — Le Moulin à eau. (Deux pendants.)
246 MOREAU (L.)	Incendie d'un navire dans un port.
247 MOREAU (L.)	Monument en ruines.
248 NATOIRE (Ch.-J.)	Le Sommeil d'Endymion.
249-250 NOEL	Vue de Paris, prise aux environs du château de Bercy. — Autre vue de Paris, prise du Pont-Neuf. (Deux pendants.)
238 MALLET (J.-B.)	Le Réveil du dernier-né dans un intérieur villageois.
239 MALLET (J.-B.)	Frère Luce.
240 MONNOYER (D'après B.)	Corbeilles de fleurs. (Deux pendants.)
234 LANTERA (S.-M.)	Les Moines paillards. (Deux pendants.)
236 LEMOINE.	Portrait de Femme assise dans la galerie d'un palais.
233 LAMI (E.).	La Mort de Desdémone.
232 JEAURAT (E.).	Le Déjeuner.
235 LEBRUN (D'après L.).	Le Coucher de la mariée.
220 GUERSAINT (D'ap. H. Fragonard)	La Chemise enlevée.
219 GROLLIER (?) (L.)	La Partie de Musique.
218 GREUZE (J.-B.)	La Rentrée du Troupeau.
211 FRAGONARD (Genre de H.). . .	Parc avec dieu terme, près d'un socle de pierre, balustrade, etc.
214 GRANET (F.-M.).	La Commune d'Aix accepte la Constitution française.
215 GRAVELOT (H.).	Joueur de flûte, couronné par une bergère.
216 GRAVELOT (H.).	La Foi, l'Espérance, la Charité.
217 GRAVELOT (H.).	Entourage pour un Portrait.

Nos	
184 BOUCHER (D'après Fr.)	L'Obéissance récompensée.
199 DESHAYS (J.-B.).	Jeune Fille en buste, reposant sur un coussin bleu.
200-201 DESRAIS (C.-L.)	Le Peintre amoureux. — L'Heureux Jardinier.
202 DESRAIS (C.-L.).	La Blanchisseuse portant son linge.
203 DESRAIS (C.-L.).	Les Occupations champêtres.
204 DE TROY (F.)	Le Joueur de cartes.
205 DUPLESSIS (H.).	Scènes Militaires. (Deux pendants.)
206 DUPLESSIS (H.).	Le Triomphe de la Révolution française.
207 DUPLESSIS (D'après H.)	Portrait de Louis XVI.
208 DUPUY	Entrée et terrasse d'un parc. (Deux pendants.)
197 DARMANCOURT	Buste de Jeune Femme.
193 COCHIN (C.-N.)	Six compositions pour illustrer le Nouveau Testament.
194 COURTOIS	Jeune Fille en buste.
195 COYPEL (N.).	Arion.
196 COYPEL (N.).	Composition allégorique.
189 CASANOVA (F.)	Choc de cavalerie.
187 CARESME (Ph.)	Le Colin-Maillard.
188 CARESME (Ph.)	Danses de bacchants et de bacchantes. (Deux pendants.)
180 BOUCHER (École de F.)	Femme nue, étendue sur une draperie et tenant une colombe à la main.
181 BOUCHER (École de F.).	Femme étendue sur son lit de repos et tenant une colombe.
182 BOUCHER (Genre de F.)	Paysan et son chien.
183 BOUCHER (Genre de F.).	Bergère au bain.
185 BOUCHER (D'après)	Neptune et Amymone.
186 BOUCHER (D'après)	La Ménagère.
230 HUET (Attribué à).	Bergers et leur troupeau faisant halte.
231 HUET (D'après)	L'Amant récompensé.

LE MERCREDI 20 MARS 1901, à deux heures

DESSINS DE L'ÉCOLE FRANÇAISE DU N° 251 AU N° 315

313 ÉCOLE FRANÇAISE.	Portrait présumé de Charlotte Corday, vue en buste.
314 ÉCOLE FRANÇAISE.	Vue d'un château et d'un parc, animée de figures.
315 ÉCOLE FRANÇAISE	Entrée d'un édifice, de forme circulaire.
296 ÉCOLE FRANÇAISE.	Le Génie de la maternité.
297 ÉCOLE FRANÇAISE.	Les Appas multipliés.
298 ÉCOLE FRANÇAISE.	Revue dans la cour d'un château.
299 ÉCOLE FRANÇAISE.	Portrait d'Homme.

Nos	
300 ÉCOLE FRANÇAISE.	Le Portrait chéri.
301 ÉCOLE FRANÇAISE.	Projet de Fontaine avec bascule.
292 ÉCOLE FRANÇAISE.	Portrait d'Artiste.
293 ÉCOLE FRANÇAISE.	La Fête de l'Agriculture au Champ de Mars en 1793.
294 ÉCOLE FRANÇAISE.	Rêverie.
295 ÉCOLE FRANÇAISE.	Perspective d'un Palais à colonnade.
288 WILLE	La Promenade.
289 ÉCOLE FRANÇAISE (xve siècle).	Seigneurs et courtisanes.
290 ÉCOLE FRANÇAISE.	Portrait présumé de la dame de Thorigny.
291 ÉCOLE FRANÇAISE.	Portrait présumé de Jeanne d'Albret.
302 ÉCOLE FRANÇAISE.	Portrait de Jeune Fille.
303 ÉCOLE FRANÇAISE.	Portrait de Jeune Femme.
304 ÉCOLE FRANÇAISE.	Fillette tenant une corbeille de fleurs.
305 ÉCOLE FRANÇAISE.	Buste de Jeune Femme.
306 ÉCOLE FRANÇAISE.	Jeune Garçon, assis devant une table, coiffé d'un chapeau à cocardes, prenant une pêche dans un compotier.
307 ÉCOLE FRANÇAISE.	Bergère endormie.
308 ÉCOLE FRANÇAISE.	Jeune Femme en bergère.
309 ÉCOLE FRANÇAISE.	Coiffures de femmes.
310 ÉCOLE FRANÇAISE.	La Modiste en danger.
311 ÉCOLE FRANÇAISE.	La Belle Jardinière.
312 ÉCOLE FRANÇAISE.	Lavoir au bord d'une rivière.
286 WATTEAU (Genre d'A.)	Feuilles d'études.
287 WATTEAU (Genre de L.)	Le Repas champêtre.
278-279 SAVIGNAC (L. De).	Paysage baigné par une rivière. — Paysage montagneux. (Deux pendants.)
280 SCHENAU.	La Ménagère.
281 SERGENT.	La Rose mal défendue.
282 SWEBACH	La Course de chevaux.
283 TAUNAY (N.)	Paysage avec berger, bergères et animaux.
284-285 VAN LOO (D'après).	La Peinture. — L'Architecture. (Deux pendants.)
277 SAINT-QUENTIN	Bacchante étendue au pied d'un arbre, le haut du corps appuyé sur un coussin.
271 ROBERT (Attribué à H.).	Vue d'un parc, avec figures, terrasses, jets d'eau, etc.
272 ROSIER.	Vue d'un village, au bord d'un lac.
251 NOILE	Ports de mer, dans des sites montagneux.
252 NORBLIN (J.-P. de la GOURDAINE)	Le Philosophe en méditation.
253 NORBLIN (J.-P. de la GOURDAINE)	La Présentation au temple.

Nos

254 OUDRY (Genre de J.-B.) . . . . Escalier d'un parc, avec figures.
255 PARIZEAU (E.-G.). . . . . . . Les Fermières.
256 PARIZEAU (E.-G.). . . . . . . Le Départ du fermier.
257 PATEL (P.) . . . . Paysage, ruines et cascade.
258 PERLIN. . . . . Le Vestibule d'un palais.
259 PERNET . . . . Les Lavandières.
260 PICART (B.). . . . . Le Jeu de l'ombre.
261 PILLEMENT (J.). . . . . Villageois et troupeau en marche. (Deux pendants.)
262 PILLEMENT (J.). . . . . Kiosques chinois.
263 PORTAIL (J.-A.). . . . . Vue du Château de Bellevue, prise du côté de la Glacière.
264 PORTAIL (J.-A.). . . . . Vue perspective du Château de la Celle-Saint-Cloud, prise du côté de l'entrée.
266 RAFFET. . . . . La Promenade en gondole.
267 RAFFET. . . . . La Partie de dés.
268 ROBERT (H.) . . . . Vue d'une cour de ville romaine.
269 ROBERT (H.) . . . . Escalier de parc, près d'une construction rustique.
270 ROBERT (H.) . . . . Cour du palais d'Avignon.
273 SAINT-AUBIN (G. de) . . . . . Une Dispute au marché aux fleurs.
274 SAINT-AUBIN (G. de) . . . . . Scène théâtrale.
275 SAINT-AUBIN (G. de) . . . . . Esther et Assuérus.
276 SAINT-AUBIN (G. de) . . . . . Intérieur d'abbaye, avec personnages.
265 PRUD'HON (P.) . . . . Bas-relief et mascaron.

DESSINS DES ÉCOLES ALLEMANDE, ANGLAISE, FLAMANDE, HOLLANDAISE ET ITALIENNE, DU N° 316 AU N° 352.

319 GUARDI (F.) . . . . Vue prise de l'entrée d'un port.
320 GUARDI (F.) . . . . Ruines d'un palais, animé de figures.
321 GOYEN (J. VAN). . . . . La Halte au haut de la colline.
322 HOUBRAKEN (A.). . . . . Scène d'atelier.
323 LANGENDYCK (D.). . . . . . . Le Bivouac.
336 ROWLANDSON . . . . Le Pont de Londres.
337 BOWLANDSON . . . . La Place du Marché, à Whattam Abbey.
338 ROWLANDSON . . . . Le Départ du camp.
339 ROWLANDSON (Attribué à). . . . Une Rue de village.
340 RUBENS (P.-P.). . . . . Le Triomphe de l'Eucharistie sur l'ignorance et l'aveuglement.
341 RUBENS (École de P.-P.). . . . L'Amour et la Musique.

Nos

342 RUBENS (École de P.-P.). . . .	La Chute des réprouvés.
324 LEONE LEONI.	Portrait de Dame en grande collerette plissée.
325 LEONE LEONI.	Portrait d'une Dame de qualité.
326 LEONE LEONI.	Jeune Femme en buste.
344 TIEPOLO (D.).	La Fuite en Égypte.
345 TIEPOLO (D.).	La Présentation au Temple.
346 TIEPOLO (D.).	Sujet tiré du Nouveau Testament.
347 VERTOLIE (N.)	Le Déjeuner dans le parc.
343 SANDBY	Vue de la terrasse du Château de Windsor.
316 BERGHEM (N.).	Cavalier faisant l'aumône sur une route.
327 LE PARMESAN	Sujet Biblique.
328 MOLYN (P.).	Cavaliers et piétons sur une route traversant un paysage d'une vaste étendue.
329 MOUCHERON (F.).	Vue d'une colonnade prise d'une terrasse ornée d'une statue sur un socle.
330 MOUCHERON (F.).	Vues de parcs, ornés de colonnes, vases, etc. (Deux pendants.)
331 NILSON (E.).	Portrait équestre du Grand Frédéric.
332 OSTADE (D'après A. VAN). . . .	Intérieur de cabaret.
333 REMBRANDT (?) (H. VAN RYN) .	Sujet tiré de l'Ancien Testament.
334 REMBRANDT (Attribuée à). . .	Abraham renvoyant Agar.
335 REYNOLDS (D'après SIR J.) . .	Portrait de Mrs Hope.
348 WEISS	Vue de la cathédrale de Strasbourg.
349 ÉCOLE ALLEMANDE	Portrait d'un Maréchal tenant un bâton de commandement.
350 ÉCOLE ANGLAISE	Portrait de Femme.
351 ECOLE FLAMANDE.	Kermesse.
352 ECOLE OMBRIENNE	Vierge en buste.
317 DURER (D'après A.)	L'Adoration des Mages.
318 FALENS (CH. VAN).	Le Départ pour la chasse au faucon.

353 Dessins, Aquarelles, Gouaches et Pastels de diverses écoles non compris au Catalogue.

JEUDI 21 MARS

354 à 499 Cadres.

VENDREDI 22 MARS

500 à 540 Cadres.
541 à 553 Faïences et Porcelaines.
554 à 628 Porcelaines de la Chine et du Japon.

SAMEDI 23 MARS

Nos

629 à 644 Boîtes et Miniatures.
645 à 666 Orfèvrerie.
667 à 685 Reliures.
686 à 706 Objets divers.
707 à 726 Bronzes, Pendules.
727 à 751 Glaces, Sièges, Meubles.

Désignation

TABLEAUX

ÉCOLE FRANÇAISE

ANGÉLIS

(PIERRE)

1 — *Un Marché à Londres. (Covent Garden?)*

Une foule de personnages couvre une place publique.

Des marchands de légumes ont étalé leurs provisions à terre.

Au premier plan, un aveugle tiré par son chien ; à droite, une dame en robe blanche, accompagnée d'un gentilhomme en habit rouge, son chapeau à la main.

Sur une estrade, un arracheur de dents opère entre deux pitres qui font la parade.

Au fond, devant une église, une colonne monumentale.

Intéressante composition, d'une exécution ferme et spirituelle.

Cadre en bois sculpté.

Toile. Haut., 67 cent.; larg., 88 cent.

BAR

(BONAVENTURE DE)

2 — *Danse champêtre.*

Une jeune femme, en robe bleue, danse dans un parc devant une dame assise à droite, tenant un éventail, et un gentilhomme debout, la main droite passée dans son habit de soie rose.

Au second plan, un joueur de flûte.

Cadre en bois sculpté.

Bois. Haut., 34 cent.; larg., 23 cent.

BAUDOUIN

3 — *Paysage animé de figures, cours d'eau et montagnes à l'horizon.*

Toile. Haut., 30 cent.; larg., 39 cent.

BERAIN

4 — *Panneau décoratif.*

Au centre, une figure d'Apollon surmontant une fontaine et entourée d'arabesques, rinceaux, fleurs et feuillage ; le tout sur fond noir.

Cadre en bois sculpté.

Bois. Haut., 71 cent.; larg., 50 cent.

BOUCHER

(FRANÇOIS)

5 — *Le Triomphe de Neptune.*

Le dieu est au centre, sur son char, entouré de divinités ; au-dessus de lui, une draperie soutenue par des amours est gonflée par le vent.

Vigoureuse esquisse en grisaille.

Cadre en bois sculpté.

Toile. Haut., 48 cent.; larg., 90 cent.

BOUCHER
(FRANÇOIS)

6 — *Ruth et Booz.*

La moabite ramasse une gerbe sur le champ que Booz lui offre à glaner.
Autour d'eux, des femmes et un amour.
Plus loin, une tente, et vers le fond un moissonneur dans la campagne.
Esquisse en grisaille.

Toile. Haut., 36 cent.; larg., 44 cent.

BOUCHER
(Attribué à FRANÇOIS)

7 — *Pastorale.*

Une jeune bergère, élégamment vêtue, joue de la flûte, écoutant les conseils de son compagnon, assis auprès d'elle.
Des moutons animent le paysage.
Peinture en grisaille.

Toile. Haut., 24 cent.; larg., 29 cent.

BOUCHER
(Attribué à FRANÇOIS)

8 — *Vénus endormie.*

Elle est étendue sur des coussins couverts d'étoffe, largement drapée.
A ses côtés, un amour joue avec des roses.
Esquisse.
Cadre en bois sculpté.

Toile. Haut., 37 cent.; larg., 45 cent.

BOUCHER

(École de FRANÇOIS)

9 — *Diane et Calisto.*

La nymphe est dans les bras de la déesse, étendue sur des draperies.
A droite, un amour lançant une flèche.
A gauche, un carquois et des oiseaux morts.
Gracieux dessus de porte.

Toile. Haut., 58 cent.; larg., 88 cent.

BOUCHER

(École de FRANÇOIS)

10 — *Vénus et Amour.*

La déesse, endormie, est étendue de droite à gauche sur un lit de repos, couvert d'une étoffe de soie bleue. L'amour sommeille, accoudé sur un coussin.
Un rideau est drapé sur le fond.
Beau dessus de porte.

Toile. Haut., 70 cent.; larg., 1 m. 10 cent.

BOUCHER

(École de FRANÇOIS)

11 — *Femme vue de dos, dormant, étendue sur un lit.*

Toile. Haut., 35 cent.; larg., 46 cent.

BOUCHER

(École de FRANÇOIS)

(DEUX PENDANTS)

12 — *Les Amours moissonneurs.*

13 — *Les Amours vendangeurs.*

Grisailles formant dessus de portes.

Toiles. Haut., 50 cent.; larg., 1 m. 47 cent.

BRUANDET

(L.)

14 — *Route en forêt animée de figures.*

Toile. Haut., 15 cent.; larg., 24 cent.

CALLET

(ANTOINE-FRANÇOIS)

15 — *Le Triomphe de Flore.*

Elle est portée sur un nuage, dans un char conduit par Zéphir, et entourée d'amours et de figures allégoriques.

Charmante esquisse.

Toile. Haut., 31 cent.; larg., 50 cent.

CHARLIER

(Attribué à JACQUES)

16 — *Le Réveil de Vénus.*

La déesse est étendue sur un lit de repos, parmi des étoffes de soie. Près d'elle, un amour. Sur le sol, un carquois, des fleurs et un brûle-parfum.

Joli petit dessus de porte.

Cadre en bois sculpté.

Toile. Haut., 44 cent.; larg., 74 cent.

CHATELET

(CHARLES-LOUIS)

17 — *Tombeau de J.-J. Rousseau, à Ermenonville.*

Il est édifié dans une île, à l'ombre d'un bouquet de hauts peupliers. Des dames, montées dans une barque, passent le cours d'eau. Au premier plan, sur la rive, une paysanne, un enfant et un chien. Intéressant petit tableau.

Toile. Haut., 36 cent ; larg., 47 cent.

COYPEL

(ANTOINE)

18 — *Renaud et Armide.*

Vêtus d'étoffes brillantes largement drapées, ils sont assis dans un parc, fermé à l'horizon par un hémicycle à colonnes. A gauche, quatre suivantes ; à droite, des amours, l'un présentant un miroir, d'autres jouant avec les armes du chevalier.

Toile. Haut., 67 cent.; larg., 85 cent.

COYPEL

19 — *Portrait présumé de Mlle de Blois.*

Vêtue d'une robe de soie blanche décolletée, à corselet de broderies d'or, enrichi de pierreries, manteau rouge doublé d'hermine, la coiffure haute, elle est assise, légèrement tournée vers la droite, et tenant des fleurs, qu'elle cueille à un oranger placé à droite dans un vase de bronze.

Au fond, un rideau vert.

Cadre en bois sculpté.

Toile. Haut., 15 cent.; larg., 90 cent.

DE MACHY

(PIERRE-ANTOINE)

20 — *Ruines et figures.*

Arches de pont, monument à colonnades, frises et bas-reliefs tombés à terre.

Au centre, des villageois et des animaux au bord d'un cours d'eau.

Signé à gauche et daté 1771.

Cadre en bois sculpté.

Toile. Haut., 48 cent.; larg., 62 cent.

DE MARNE

(LOUIS)

21 — *La Foire de village.*

La foule couvre une esplanade plantée d'arbres et bordant une rivière.

Au premier plan, de joyeux villageois sont attablés, buvant, chantant; l'un d'eux aguichant la servante. Un petit joueur de vielle leur fait entendre ses refrains.

Monté sur un cheval blanc, un fermier tend la main à ses amis; plus loin, des bestiaux au repos attendant leurs maîtres. Sur un tronc d'arbre renversé, un pâtre et une bergère, assis côte à côte, entourés de leurs chèvres.

A gauche, un valet tirant de l'eau d'un tonneau sur lequel est hissé un joueur de cornemuse, un homme assis à terre s'amusant avec un chien.

Dans le fond, des saltimbanques font la parade devant leurs tentes.

Des collines ferment l'horizon.

Jolie composition d'innombrables figures, de la meilleure qualité de l'artiste et en parfait état de conservation.

Cadre en bois sculpté.

Bois. Haut., 37 cent.; larg., 50 cent.

DESFRICHES

22 — *Vue du Loiret, aux environs d'Orléans.*

Paysage avec construction rustique, laveuses et villageois montés dans une barque.
Gravé.

Toile. Haut., 18 cent.; larg., 23 cent.

DESHAYS

(JEAN-BAPTISTE)

(DEUX PENDANTS)

23-24 — *Jeune Femme en buste.*

Dans l'un, elle est étendue sur le dos, la tête rejetée en arrière, la poitrine découverte; dans l'autre, elle repose inversement, les épaules nues, les bras appuyés sur un coussin de soie bleue, le visage tourné vers le spectateur.

Toiles ovales. Haut., 52 cent.; larg., 62 cent.

DE TROY

(JEAN-FRANÇOIS)

25 — *Le Triomphe de Mardochée.*

Belle et lumineuse composition, comprenant de nombreux personnages.
Cadre en bois sculpté.

Toile. Haut., 75 cent.; larg., 1 m. 16 cent.

DROLLING

(LOUIS)

26 — *La Chaumière.*

Elle est entourée d'arbres; dans la cour rustique qui la précède, deux hommes, l'un assis sur le tronc d'un arbre abattu, jouant avec son chien, une femme tenant un enfant sur ses genoux.

Une route ravinée se dessine à gauche et vers le fond, animée d'un cavalier et de deux personnages.

Paysage d'une agréable finesse.

Signé et daté 1813.

Toile. Haut., 38 cent.; larg., 49 cent.

DUVAL

(FRANÇOIS)

27 — *Paysage d'une vaste étendue, animé de figures de bergers et d'animaux.*

Signé et daté 1791.

Bois. Haut., 21 cent.; larg., 32 cent.

EISEN

(FRANÇOIS)

28 — *Jeux d'Enfants.*

Une troupe de jeunes enfants font cortège à une fillette montée sur une chèvre et entourée d'un voile blanc, qui s'agite au-dessus d'elle.

Gracieuse composition décorative.

Signée et datée 1758.

Cadre en bois sculpté.

Toile. Haut., 95 cent.; larg., 1 m. 22 cent.

FRAGONARD
(HONORÉ)

29 — *La Chasse à l'ours.*

Un ours blanc s'est jeté sur un cavalier tombé de son cheval. La bête a ses griffes sur la poitrine du malheureux, dont la veste jaune est déjà déchirée.

Deux chiens attaquent le carnassier ; un chasseur, dont l'habit rouge flotte au vent, lui enfonce une lance entre les deux épaules.

Au second plan, un autre cavalier, l'épée au poing, accourt au galop.

Belle peinture d'un faire large et brillant.

Signée en toutes lettres et datée 1774.

Toile. Haut., 54 cent.; larg., 41 cent.

GREUZE
(Attribué à JEAN-BAPTISTE)

30 — *L'Écolier.*

Vu à mi-corps, assis sur une chaise, sa tête blonde, aux cheveux bouclés, inclinée vers la droite; il est vêtu d'une robe rouge et tient de sa main droite son livre d'école ouvert sur sa poitrine.

Cadre en bois sculpté.

Toile. Haut., 40 cent.; larg., 31 cent.

GREUZE
(D'après JEAN-BAPTISTE)

31 — *Les Sevreuses.*

Deux femmes, assises dans un intérieur rustique, gardent de nombreux enfants. Une robe pend sur une corde au centre de la pièce. A gauche, dans un berceau d'osier en désordre, un chat lève la tête à la vue d'un gros chien qu'un petit garçon debout, sur la droite, retient par une corde. Vers le fond, devant un escalier de bois, près d'un groupe de fillettes, un gamin tient à bout de bras un oiseau qu'il sort d'une cage posée sur une table.

Composition gravée en contre partie.

Toile. Haut., 32 cent.; larg., 38 cent.

H. FRAGONARD

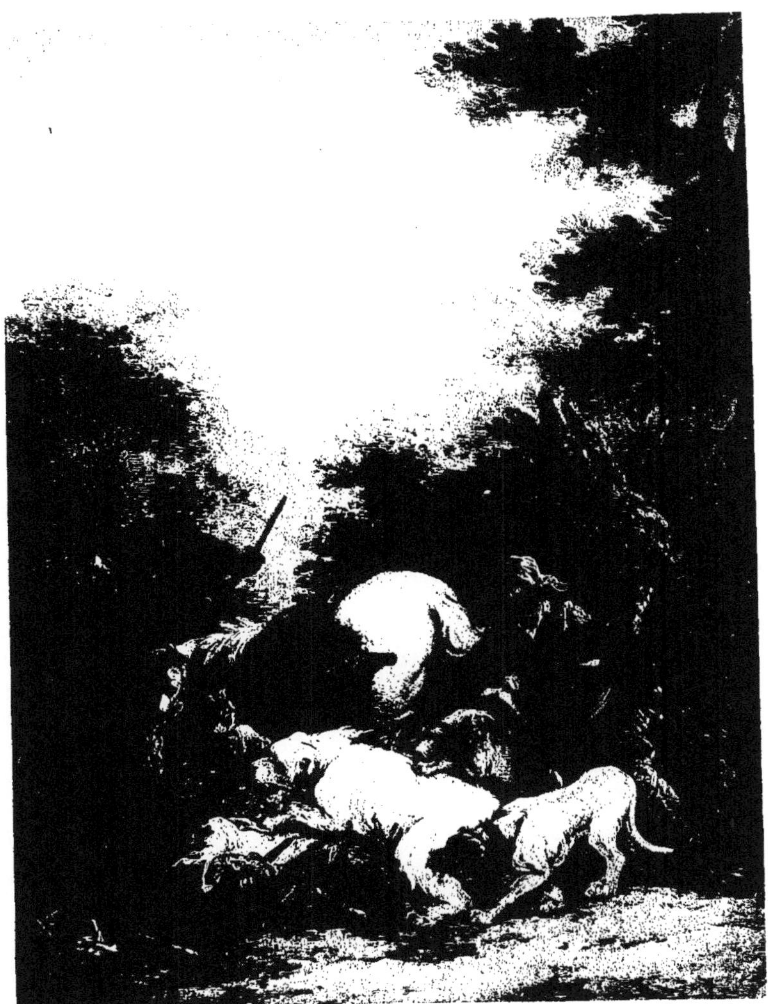

Phototypie Berthaud.

29

HICKEL
(JOSEPH)

32 — *La Repentie.*

Elle est représentée dans un parc, les cheveux épars et pendant sur les épaules, vêtue d'une robe de bure, accoudée sur un socle de pierre, la main droite tenant le manche d'une pelle de jardinage.

Des légumes sont réunis sur le sol.

Signé et daté 1790.

Cadre en bois sculpté.

Toile. Haut., 67 cent.; larg., 51 cent.

LACOUR
(PIERRE)

33 — *Portrait de l'Artiste.*

Vu de profil, la tête tournée vers le spectateur, assis devant son chevalet, tenant sa palette et un pinceau, il travaille à une toile représentant deux femmes.

A droite, une boîte de couleurs.

Signé et daté 1797.

Bois. Haut., 27 cent.; larg.. 21 cent.

LAJOUE
(Genre de JACQUES)

34 — *Parc avec fontaine monumentale et figures.*

Toile. Haut., 37 cent.; larg., 45 cent.

LANTARA
(SIMON-MATHURIN)

35 — *Paysage accidenté.*

Au premier plan, une paysanne, montée sur un âne, suit un chemin sinueux. Plus loin, un pâtre et des chèvres.

Charmant petit tableau, d'une remarquable finesse.

Bois. Haut. 16 cent.; larg., 21 cent.

LANTARA
(SIMON-MATHURIN)

36 — *Cours d'eau avec cascade.*

Au premier plan, un bateau monté par deux hommes.
Des collines à l'horizon.
Fin petit tableau.

Bois. Haut., 12 cent.; larg 15 cent.

LANTARA
(SIMON-MATHURIN)

37 — *Paysage avec figures.*

Un arbre se détache au centre, près d'une mare.

Bois. Haut., 20 cent.; larg., 25 cent.

LAVREINCE
(NICOLAS)
(DEUX PENDANTS)

38 — *L'Ouvrière en dentelles.*

Un jeune homme, en habit bleu, culotte blanche, assis sur un fauteuil, a pris par la taille une jeune fille debout devant lui, les bras autour de son cou. Elle est vêtue d'un corsage noir et d'une jupe rose retroussée. A droite, un livre sur un petit guéridon.

A gauche, un paravent, un rideau vert et une boite de dentelles ouverte sur le sol.

39 — *Le Déjeuner en tête-à-tête.*

Dans un intérieur, aux murs ornés de tableaux, un gentilhomme, en robe de chambre, est assis sur un canapé bleu. Sur ses genoux, une jeune femme, en robe de soie jaune, bonnet blanc à rubans roses, la main engagée dans le plastron de sa chemise de nuit, l'embrasse sur la bouche.

A gauche, un petit déjeuner servi sur une table

Compositions gravées sous les titres ci-dessus.

Bois. Haut., 28 cent.; larg., 19 cent.

LECLERC DES GOBELINS

(JACQUES-SÉBASTIEN)

40 — *Le Concert improvisé.*

Gracieuse composition comprenant plus de douze personnages élégamment vêtus, réunis près d'un rocher au bord de la mer.

Peinture sur carton.

Haut., 43 cent.; larg., 31 cent.

LERICHE

41 — *Fleurs dans un vase bleu, orné de bronze.*

Posé sur un socle de pierre, à mascarons et branches de lauriers dorés.

Fond gris clair.

Jolie décoration.

Toile. Haut., 1 m. 02 cent.; larg., 1 m. 23 cent.

LEPRINCE

(JEAN-BAPTISTE)

42 — *Paysage russe.*

Un paysan est étendu à terre, près d'une cascade où saute un chien. Deux pêcheurs, montés dans une barque, quittent la rive, d'où les regarde un homme debout, tenant par la bride un âne chargé d'un bât. Au centre, une ferme entourée d'arbres. La rivière s'étend vers le fond où l'on remarque une colline.

Joli petit tableau de la meilleure qualité de l'artiste.

Signé à gauche en toutes lettres.

Bois. Haut., 28 cent.; larg., 25 cent.

LEPRINCE
(Attribué à JEAN-BAPTISTE)

43 — *L'Amour à l'espagnole.*

Une jeune femme, en riche toilette de soie blanche, paraît endormie dans un fauteuil.

Dans l'embrasure de la fenêtre, un galant, paraissant à mi-corps, lui joue une sérénade.

Bois. Haut., 30 cent.; larg , 24 cent.

LEPRINCE
(XAVIER)

44 — *La Diligence.*

Fond de paysage accidenté.
Signé et daté 1824.

Toile. Haut., 32 cent.; larg. 40 cent.

MALLET
(JEAN-BAPTISTE)

45 — *Réunion dans un intérieur.*

Dans un intérieur du temps de Louis XVI, une jeune fille, debout, en toilette blanche, tient sur sa main une perruche qu'elle embrasse; une dame, vue de dos, portant un manchon, est assise devant une petite table où est ouverte une partition.

Vers le fond, un jeune homme accoudé sur une cheminée.

Toile. Haut., 28 cent.; larg., 21 cent.

MICHEL
(JEAN)

46 — *Le Moulin à vent.*

Il s'élève dans une plaine, sous un ciel chargé de nuages.

Toile. Haut., 25 cent.; larg., 31 cent.

MIGNARD
(PIERRE)

47 — *Portrait présumé d'Hortense Mancini.*

Vêtue d'une robe blanche brodée d'or, un fichu de gaze flottant autour d'elle, ses cheveux bouclés, ornés de perles, elle est représentée debout, tournée vers la droite, près d'une console de marbre où est posée une corbeille de fleurs.

Un rideau vert est drapé dans le fond.

Beau et intéressant portrait.

Cadre en bois sculpté.

Toile. Haut., 1 m. 15 cent ; larg., 90 cent

MONNOYER
(Attribué à BAPTISTE)

(DEUX PENDANTS)

48 — *Fleurs dans des vases.*

Toiles. Haut., 45 cent ; larg., 35 cent.

MOREAU
(LOUIS)

49 — *Paysage, avec maison rustique au bord d'un étang.*

Un large escalier de pierre descend vers la nappe d'eau où se baignent des canards.

Fin petit tableau.

Cadre en bois sculpté.

Toile. Haut., 14 cent.; larg., 18 cent.

MOREAU
(LOUIS)

50 — *Bords de rivière.*

Rochers, tour, pont et figures de pêcheurs.

Bois. Haut., 16 cent.; larg., 29 cent.

MOREAU
(LOUIS)

51 — *Ferme au bord d'une rivière.*

Au premier plan, un pâtre conduit des bestiaux.

Bois. Haut., 21 cent.; larg., 17 cent.

NOEL
(DEUX PENDANTS)

52-53 — *Vues de Parcs.*

Dans l'un, une terrasse; dans l'autre, un clocher.

Bois. Haut., 21 cent.; larg., 16 cent.

NONNOTTE
(DONAT)

54 — *L'Agréable Missive.*

Une jeune femme vêtue d'une élégante robe de soie jaune décolletée, ornée de dentelles, les cheveux relevés, bouclés et poudrés, ornés de fleurs, est accoudée sur un balcon de pierre, lisant en souriant une lettre qu'elle tient à la main.

Gracieux portrait.

Signé à gauche : *Nonotte, pinxit, 1755.*

Cadre en bois sculpté.

Toile. Haut., 60 cent.; larg., 50 cent.

OUDRY
(École de J.-B.)

55 — *Chien blanc effrayant des canards.*

Cadre en bois sculpté.

Toile décorative. Haut., 93 cent.; larg., 1 m. 20 cent

PRUD'HON

(Attribué à PIERRE-PAUL)

56 — *Portrait de Femme.*

Vue jusqu'à la ceinture, tournée vers la droite, le visage de face, les cheveux bouclés descendant en bandeau sur le front, le corsage noir décolleté.

Toile. Haut., 60 cent.; larg., 48 cent.

ROBERT

(Genre de HUBERT)

57 — *Une Allée du Parc de Versailles.*

Bois. Haut., 20 cent.; larg., 16 cent.

ROEHN

58 — *Le Charlatan.*

Debout sur son tréteau et devant son enseigne, il est entouré d'une foule populaire : ménagères, enfants, soldats et villageois. Près de lui, un petit garçon coiffé d'un haut bonnet rouge, sa trompette pendue derrière le dos, tient son épée et ses drogues. A droite, un paysan monté sur un petit âne. Au centre, un cavalier sur un cheval blanc, des gamins jouant avec chiens. Une dame et un gentilhomme se promènent à gauche près d'un mendiant assis et appuyé sur une borne.

Brillante et lumineuse composition.

Toile. Haut., 33 cent.; larg., 41 cent.

ROEHN

59 — *La Levée du camp.*

Un officier à cheval donne ses ordres devant une tente où sont réunis le porte-étendard et plusieurs militaires.

Un soldat assis sur un banc lève son verre, en serrant dans ses bras une jeune villageoise ; un autre est étendu à terre.

A gauche et vers le fond, une troupe en marche passe un pont de pierre.

Signé à droite sur une auge.

Bois. Haut., 30 cent.; larg., 42 cent.

ROSLIN

(ALEXANDRE)

60 — *Portraits de Perronet et de sa femme.*

Ils sont représentés dans un intérieur.

L'illustre ingénieur, vêtu d'un habit de soie violacée brodé d'or, est debout devant son bureau, regardant le spectateur, tenant dans ses mains la maquette d'un édifice et un compas.

Sa femme, les cheveux poudrés, relevés et ornés de fleurs, est assise sur un fauteuil, à demi-couvert des larges plis de sa robe de soie rose décolletée, enrichie de dentelles et de broderies d'argent. Accoudée sur le bureau, elle en tient un des tiroirs garni d'objets précieux et présente une bonbonnière de la main gauche. Derrière elle, une fenêtre tendue d'un rideau bleu.

Joli tableau de l'artiste.

Cadre en bois sculpté.

Toile. Haut., 32 cent.; larg., 38 cent.

(Collection Audouin.)

A. ROSLIN

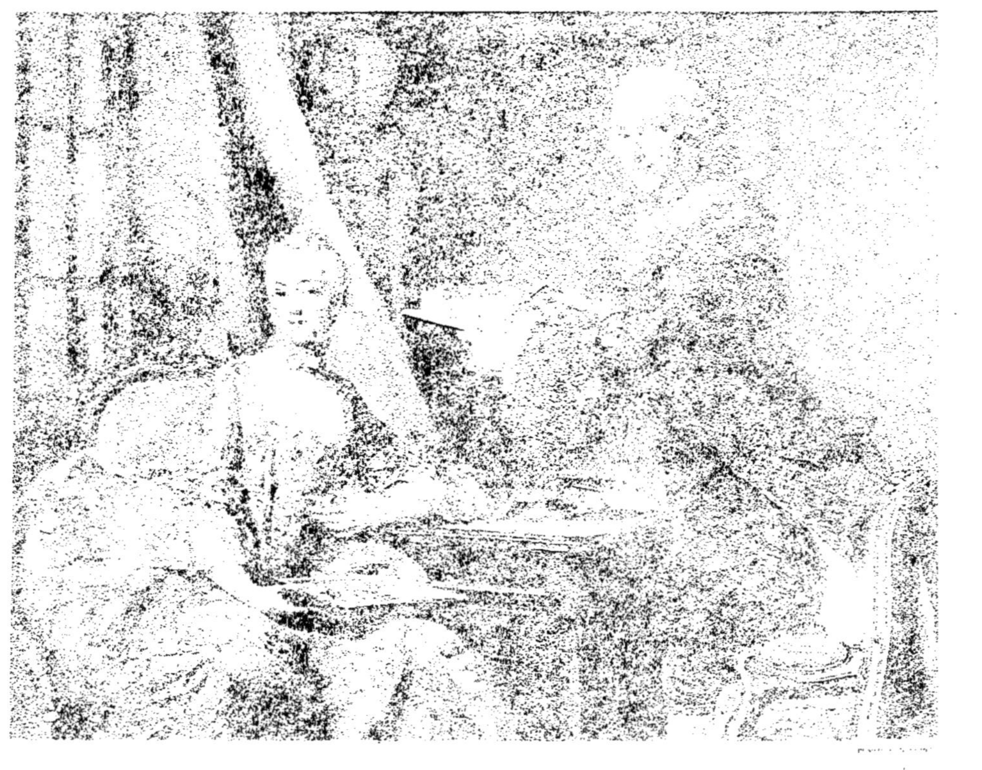

69

A. ROSLIN

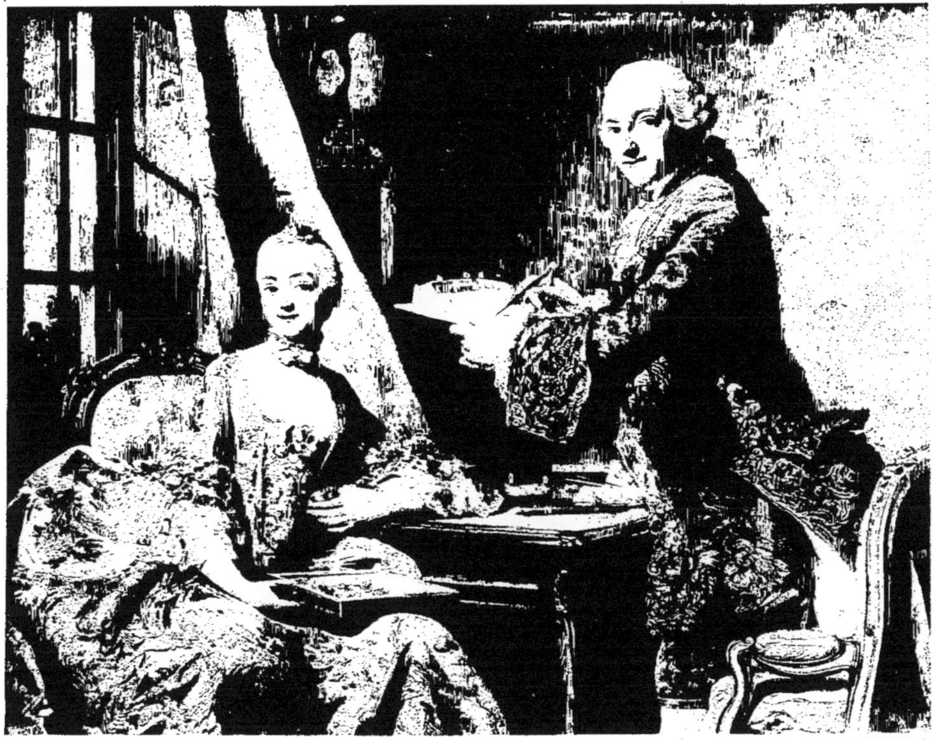

Phototypie Berthaud

RIGAUD
(HYACINTHE)

61 — *Portrait présumé de la comtesse de Parabère.*

En buste, les épaules découvertes, les cheveux bruns relevés et bouclés.

Cadre en bois sculpté.

Toile ovale. Haut., 46 cent.; larg., 36 cent.

SCHALL

62 — *Les Espiègles.*

Deux baigneuses sont assises sur une roche, les pieds dans un cours d'eau. L'une d'elles, blonde, les cheveux ornés d'un ruban bleu, lit une lettre déployée de ses deux mains, une étoffe de soie jaune couvre à demi sa jambe droite; l'autre, brune, coiffée d'un fichu rouge liseré d'or, est accoudée près de sa compagne.

Vers le fond, au sommet d'un rocher, deux jeunes gens pêcheurs à la ligne, et surtout espiègles, enlèvent, au moyen d'un hameçon, les vêtements des jeunes femmes, abandonnés plus bas à l'entrée d'une grotte.

Fin et joli tableau.

Gravé par Descourtis.

Bois. Haut., 46 cent.; larg., 37 cent.

SCHALL
(Attribué à)

63 — *Jeune Femme se chaussant dans un parc.*

Une jeune femme, assise sur le banc d'un parc, coiffée d'un ample bonnet à ruban bleu, vêtue d'une robe de couleur lilas, largement drapée autour d'elle, lève sa jambe à la hauteur du genou pour chausser son pied d'une mule qu'elle tient à la main.

Toile.

SWEBACH
(JACQUES-F.)

(DEUX PENDANTS)

64 — *L'Amazone.*

Vêtue de noir, coiffée d'un chapeau de paille à rubans, elle est montée sur un cheval blanc marchant vers la gauche. Un villageois, vu de dos, son chapeau à la main, semble lui indiquer sa route.

65 — *Le Marchand de chevaux.*

Un cheval bai est présenté au trot, monté par son piqueur. Le marchand, en redingote de couleur jaunâtre, entretient un gentilhomme en habit vert, debout, le dos appuyé contre un poteau.

Toiles. Haut., 45 cent.; larg., 36 cent.

SWEBACH
(JACQUES-F.)

66 — *L'Arbre franchi.*

Une amazone en robe bleue, chapeau de feutre noir, montée sur un cheval blanc, saute un arbre renversé. Au second plan, un cavalier la suit.

Bois. Haut., 58 cent.; larg., 46 cent..

TAUNAY
(NICOLAS)

67 — *L'Oiseau mort.*

Une jeune femme court dans un parc, une main sur le front, l'autre tendue dans un geste désolé. Vêtue d'une toilette de soie blanche décolletée, la jupe drapée par le vent, elle vient de quitter le banc de pierre, où gît un oiseau mort et va vers la statue de l'Amour, élevée à droite au milieu d'un buisson de roses. Couvert d'un ample manteau de drap marron, un jeune homme, un genoux à terre, ouvre ses bras à la jolie désespérée.

Dans le fond, une balustrade entoure un bassin orné de sphinx et d'un groupe sculptural.

Jolie composition de l'artiste.

Signée à droite en toutes lettres.

Cadre en bois sculpté.

Bois. Haut., 21 cent.; larg., 29 cent.

VALENCIENNES
(PIERRE-HENRI)

68 — *Paysage montagneux.*

Au premier plan, près d'un rocher, un berger suivi d'un chien. Dans le fond, une rivière.

Signé à gauche et daté an X.

Toile. Haut., 45 cent.; larg., 62 cent.

VALLAYER-COSTER

(MADAME)

(DEUX PENDANTS)

69-70 — *Vases de fleurs.*

L'un en pierre, orné d'un bas-relief représentant des jeux d'amours et d'une guirlande sculptée, est posé sur un tapis vert couvrant en partie une table enrichie de bronzes à dessus de marbre. A gauche, un panier de raisins et quelques pêches réunies à droite.

L'autre, en émail bleu et bronze doré, est posé sur une table de pierre.

A gauche, une branche de pavots.

Œuvres capitales de l'artiste, en parfait état de conservation et d'un superbe effet décoratif.

Signés et datés : *Mlle Vallayer, 1776.*

Toiles. Haut., 1 m. 20 cent.; larg., 1 m. 12 cent.

VALLIN

71 — *Daphnis et Chloé.*

La nymphe se jette sur le jeune pâtre, qu'elle embrasse en le serrant dans ses bras.

Joli tableau d'une coloration chaude et lumineuse.

Toile. Haut., 30 cent.; larg., 24 cent.

VALLIN

72 — *Sylvie et le Satyre.*

Pendant qu'elle dormait, le Satyre s'est glissé près d'elle, plein de passion, il va troubler son innocence; mais une compagne s'est élancée, elle le retient par ses longues oreilles, tandis qu'au fond, du secours vient répondant à son appel.

Joli tableau, d'après la composition de Prud'hon, pour l'Aminta du Tasse.

Toile. Haut., 33 cent.; larg. 22 cent.

VALLAYER-COSTER

(MADAME)

(DEUX PENDANTS)

69-70 — [illegible]*s de fleurs.*

L'un en pierre, orné d'un bas-relief représentant des jeux d'amour [illegible] d'une guirlande sculptée, est posé sur un tapis vert couvrant en partie [illegible] table enrichie de bronzes à dessus de marbre. A gauche, un panier de raisins et quelques pêches réunies à droite.

L'autre, en émail bleu et bronze doré, est posé sur une table de pierre.

A gauche, une branche de pavots.

Œuvres capitales de l'artiste, en parfait état de [illegible] et d'un superbe effet décoratif.

Signés et datés : *Mlle Vall*[illegible]

[illegible]

[illegible]

71 — *[illegible]*

La nymphe se jette sur le jeune pâtre, qu'elle embrasse en le serrant dans ses bras.

Joli tableau d'une coloration chaude et lumineuse.

Toile. Haut., 30 cent.; larg., 24 cent.

VALLIN

72 — *Sylvie et le Satyre.*

Pendant [illegible] le S[illegible] près [illegible] [illegible]ssembler son [illegible] une co[illegible] [illegible] [illegible]tient par ses [illegible] tandis qu[illegible] [illegible] vient répondant [illegible]

[illegible] compo[illegible] pour [illegible] du

[illegible] 22 cent.

Mme VALLAYER-COSTER

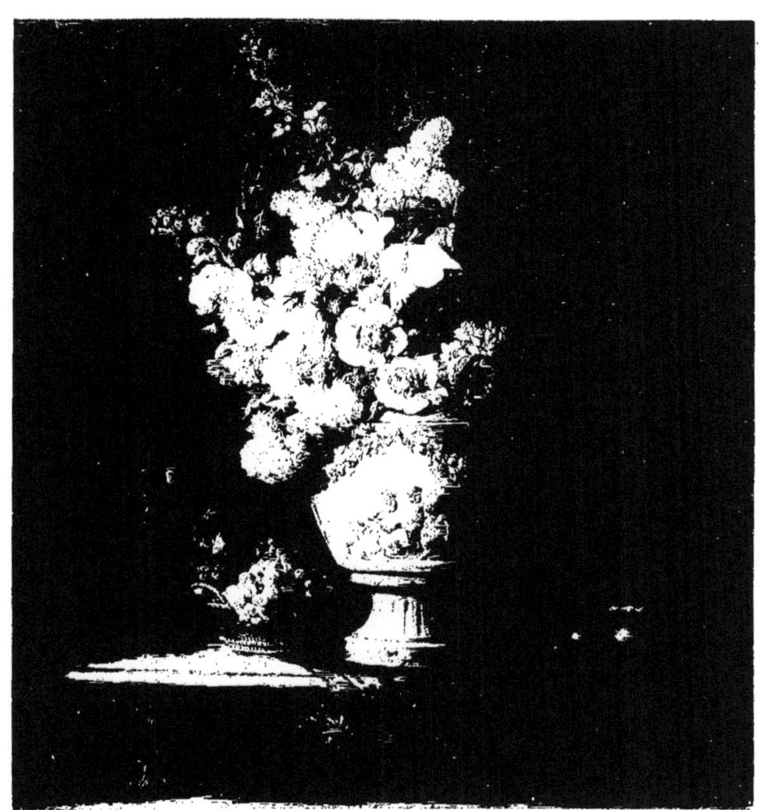

Phototypie Berthaud.

VALLIN

73 — *Paysage, avec figures et animaux.*

Un pâtre garde son troupeau. Au centre, un bouquet d'arbres, une tour en ruines.

Bois. Haut., 15 cent.; larg., 19 cent.

VAN GORP

74 — *Le Rendez-vous.*

Assis dans un parc sur un banc de bois, un couple s'entretient.

Le jeune homme en culotte jaune, habit gris, gilet rouge, a pris par la taille sa jolie compagne, en robe blanche légèrement décolletée, fichu de soie jaune.

A gauche, deux enfants jouent sur le sol ; plus loin, un vase monté sur un socle de pierre.

Charmant tableau, spirituellement exécuté.

Signé à gauche en toutes lettres.

Toile. Haut., 32 cent.; larg., 23 cent.

VAN LOO

(Attribué à CARLE)

75 — *Portrait de Jeune Femme.*

Vue à mi-corps, tournée vers la gauche et accoudée sur un balcon, elle porte un manteau de soie blanche à capuchon, un chapeau de paille orné de roses et de rubans pendant sur sa poitrine.

Fond de paysage.

Très gracieux portrait.

Cadre en bois sculpté.

Toile. Haut., 80 cent.; larg., 64 cent.

VAN LOO
(Attribué à CARLE)

76 — *Figure de Femme à mi-corps.*

Accoudée sur une draperie rose, la poitrine découverte et tenant une loupe.

Toile. Haut., 67 cent.; larg., 82 cent.

VLEUGHELS
(NICOLAS)

77 — *Le Bât.*

Sujet tiré des contes de La Fontaine.
Cadre en bois sculpté.

Cuivre. Haut., 24 cent.; larg., 18 cent.

VLEUGHELS
(NICOLAS)

78 — *Le Petit Chien qui secoue des pierreries.*

Sujet tiré des contes de La Fontaine.
Signé *N. V.* 1732.

Bois. Haut., 18 cent.; larg., 23 cent.

VIALY

79 — *Portrait de Jeune Femme en Hébé.*

Vue à mi-corps, en robe de soie jaune décolletée, à nœuds blancs et écharpe rose, le visage presque de face; les cheveux relevés et poudrés, elle porte un bracelet orné d'une miniature représentant un buste de gentilhomme.
Signé et daté 1753.
Cadre en bois sculpté.

Toile. Haut., 80 cent.; larg., 63 cent.

VAN LOO

(Attribué à CARLE)

76 — *Figure de Femme à mi-corps.*

Accoudée sur une draperie rose, la poitrine découverte et tenant une loupe.

Toile. Haut., 67 cent., larg., 52 cent.

VLEUGHELS

(NICOLAS)

77 — *Le Bat.*

Sujet tiré des contes de La Fontaine.

[illegible]

VLEUGHELS

(NICOLAS)

78 — *Le Petit Chien qui secoue des pierreries.*

Sujet tiré des contes de La Fontaine.
Signé *N. V.* 1732.

Bois. Haut., 18 cent.; larg., 23 cent.

VIALY

79 — *Portrait de Jeune Femme en H*[illegible]

[illegible]

Toile. Haut. [illegible]

A. WATTEAU

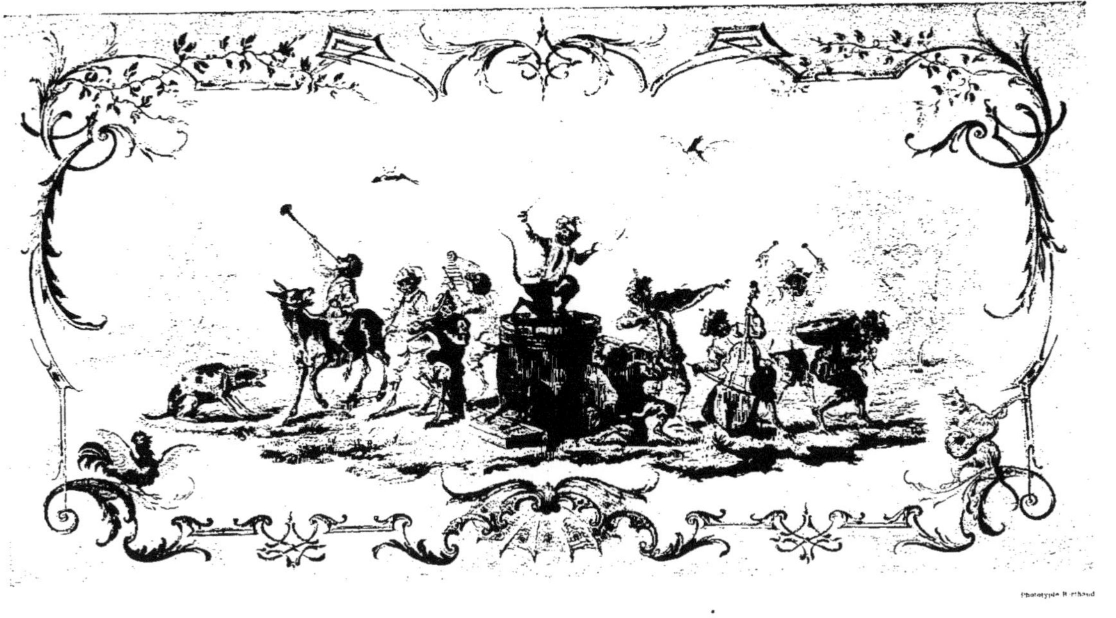

Phototypie Berthaud

82

VIGÉE-LEBRUN
(Attribué à MADAME)

80 — *Fillette assise, tenant une corbeille de fleurs.*

Elle est vêtue d'une robe de soie bleue décolletée, ornée de dentelles, coiffée d'un bonnet serré par un ruban.

Cadre en bois sculpté.

Toile ovale. Haut., 64 cent.; larg., 51 cent.

VINCENT
(FRANÇOIS-ANDRÉ)

81 — *Portrait d'Artiste.*

Assis, tourné vers la droite, le regard fixé sur le spectateur, à travers ses besicles rondes, il est vêtu d'un habit brun, d'un gilet rouge et porte une cravate large, de mousseline, une main appuyée sur le bras de son fauteuil l'autre tenant une palette et des pinceaux.

Toile. Haut., 71 cent.; larg., 58 cent.

WATTEAU
(ANTOINE)

82 — *Le Concert des Singes.*

Dix singes costumés entourent le chef d'orchestre qui bat la mesure, juché sur un tonneau. Ils jouent du violon, de la basse, de la cytare, des cymbales, de la flûte et du flageolet. L'un, à gauche, est monté sur un âne qui brait et souffle dans une trompette, tandis qu'un chien aboie furieusement. A droite et à gauche, quelques arbres; dans le lointain et dans le ciel, des oiseaux.

Peinture décorative, sur fond blanc, encadrée de rinceaux délicats, en camaïeu bleu. Dans cet encadrement, en bas à droite, un chat joue de la guitare; à gauche, un coq chante.

Cadre en bois sculpté.

Toile. Haut., 50 cent.; larg., 90 cent.

(*Vente Ph. Sichel, 1899.*)

WATTEAU

(D'après ANTOINE)

83 — *Groupe de cinq personnages des « Plaisirs du Bal ».*

Cadre en bois sculpté.

WATTEAU

(FRANÇOIS)

84 — *Le Jardin public.*

Dames en toilettes de soie ou de mousseline, hauts chapeaux et coiffures monumentales, gentilshommes en habits à longs pans sont réunis sous une marquise à l'angle d'un escalier donnant accès à une terrasse. Autour d'une table, quelques-uns prennent une collation; de jeunes mères promènent leurs enfants.

Au premier plan, un couple amoureux assis sur le gazon.

Une fillette offre une corbeille de gâteaux à une dame assise et vue de dos.

Charmant petit tableau, offrant une amusante représentation des mœurs et des costumes du temps.

Cadre en bois sculpté.

Bois. Haut., 25 cent.; larg., 33 cent.

ÉCOLE FRANÇAISE

85 — *Jeune Femme assise dans un atelier.*

Vêtue d'une robe de soie noire, serrée à la taille par une large ceinture bleue, un fichu de mousseline sur les épaules, les cheveux bruns bouclés et pendant sous un chapeau de paille à rubans bleus, les bras croisés, elle tient un livre à la main. A droite, un carton à dessin appuyé sur le socle d'un buste de marbre. A gauche, une palette et des pinceaux posés sur un petit meuble de peintre.

Toile. Haut., 88 cent.; larg., 72 cent.

ÉCOLE FRANÇAISE

86 — *Portrait de Femme.*

Vue à mi-corps, dans un jardin, en robe rouge décolletée, et cueillant des fleurs.

Toile. Haut., 40 cent.; larg., 32 cent.

ÉCOLE FRANÇAISE

87 — *Le Paysan entreprenant.*

Près d'une fontaine, un paysan embrasse avec passion une bergère tombée entre ses bras et laissant échapper le contenu de sa cruche.

Un chien saisit le galant par le pan de sa veste rouge.

Beau tableau, fermement exécuté et d'une brillante tonalité.

Cadre en bois sculpté.

Toile. Haut., 1 m.; larg., 80 cent.

ÉCOLE FRANÇAISE

88 — *Ruines et paysage.*

Vase monumental, orné de figures de femmes; à gauche, un soldat assis sur une colonne renversée.

Bois. Haut., 23 cent.; larg., 32 cent.

ÉCOLE FRANÇAISE

89 — *Portrait de Femme en buste.*

Toile ovale.

ÉCOLE FRANÇAISE

90 — *L'Ivresse du peintre.*

L'artiste rentre au logis, trébuchant, son chevalet sur un bras, sa palette et une toile échappant de ses mains. Une ménagère assise tend les bras vers lui, saisissant le tableau qu'il a laissé tomber; un homme debout, vers le fond, indique d'un geste la porte grande ouverte. Le feu brûle dans l'âtre. Quelques toiles ou dessins pendent aux murs du modeste logis.

Bois. Haut., 23 cent.; larg., 33 cent.

ÉCOLE FRANÇAISE

91 — *Le Magnifique.*

Composition tirée des contes de La Fontaine.
Dessus de porte.

Toile. Haut., 77 cent.; larg., 89 cent.

ÉCOLE FRANÇAISE

92 — *La Toilette de Vénus.*

Assise dans un parc sur une terrasse ornée d'une fontaine monumentale, la déesse est entourée de ses suivantes, ornant sa chevelure de rubans ou lui présentant un miroir, drapant de riches étoffes de soie ou portant des pièces d'orfèvrerie.
Cadre en bois sculpté.

Toile. Haut., 52 cent.; larg., 62 cent.

ÉCOLE FRANÇAISE

93 — *Buste de Jeune Fille.*

Représentée de face, les yeux baissés, coiffée d'un bonnet serré par un ruban bleu, un fichu sur les épaules, une rose au corsage décolleté.
Cadre en bois sculpté.

Toile. Haut., 25 cent.; larg., 18 cent.

ÉCOLE FRANÇAISE

94 — *Portrait de Jeune Femme.*

A mi-corps, les cheveux bouffant retombant sur les épaules, en corsage blanc décolleté.

Cadre en bois sculpté.

Bois. Haut., 12 cent.; larg., 17 cent.

ÉCOLE FRANÇAISE

95 — *Paysage et cours d'eau.*

Des vaches et des moutons paissent au centre, sous la garde d'un berger.

Bois. Haut., 15 cent.; larg., 17 cent.

ÉCOLE FRANÇAISE

96 — *La Géographie.*

Composition allégorique.

Dessus de porte.

Toile. Haut., 50 cent.; larg., 98 cent.

ÉCOLE FRANÇAISE

97 — *Le Pont des Arts.*

A droite, le palais Mazarin; à gauche, le Louvre; dans le fond, l'île Saint-Louis et les tours de Notre-Dame.

Toile. Haut., 25 cent.; larg., 32 cent.

ÉCOLE FRANÇAISE

98 — *La Comparaison.*

Deux jeunes femmes sont debout dans un intérieur tendu de draperies vertes, l'une appuyant un bras sur l'épaule de sa compagne qui la tient par la main; laissant glisser de leur poitrine leur légère robe de mousseline blanche, elles se comparent dans un miroir.

A droite, un chien jappe, bondissant vers sa maîtresse.

Esquisse.

Cadre en bois sculpté.

Toile. Haut., 40 cent.; larg., 30 cent.

ÉCOLE FRANÇAISE

99 — *Fillette en robe rose, dansant et jouant du tambourin.*

Cadre en bois sculpté.

Toile ovale. Haut., 64 cent.; larg., 51 cent.

ÉCOLE FRANÇAISE

100 — *Portrait de Fillette.*

En buste, la tête inclinée vers la gauche, coiffée d'un bonnet blanc, fichu et manteau noirs sur les épaules.

Cadre en bois sculpté.

Toile. Haut., 66 cent.; larg., 31 cent.

ÉCOLE FRANÇAISE

101 — *Femme tenant une urne sur un tombeau de forme pyramidale.*

Toile. Haut., 50 cent.; larg., 40 cent.

ÉCOLES ANGLAISE, FLAMANDE HOLLANDAISE ET ITALIENNE

BALEN
(VAN)

102 — *L'Eucharistie.*

Composition de quatre figures.

Cuivre. Haut., 40 cent.; larg., 28 cent.

BERGHEM
(NICOLAS)

103 — *Le Passage du gué.*

Vers le fond, dans un site accidenté, un château en ruines.
Signé à droite.

Toile, Haut., 65 cent.; larg., 83 cent.

BLOOT
(PETER DE)

104 — *Danse villageoise.*

Des paysans réunis dans une rue de village dansent en ronde ou se promènent. Un joueur de vielle est monté sur un baquet renversé.
Au premier plan, un homme dort étendu la face sur le sol.
Bon tableau en parfait état.
Signé à droite sur une barrière.
Cadre en bois sculpté.

Bois, Haut., 36 cent.; larg., 64 cent.

BLOOT

(PETER DE)

105 — *Paysage animé de figures.*

Plusieurs villageois suivent une route longeant des ruines. Un âne chargé d'un bât est arrêté à gauche.

Signé à droite.

Bois. Haut., 31 cent.; larg., 38 cent.

BONINGTON

(RICHARD PARKES)

106 — *Vue prise aux environs de Brighton.*

Des promeneurs animent un grand boulevard bordé d'une grille devant un parc planté d'arbres touffus, au centre duquel s'élève une construction d'architecture Louis XVI. Vers le fond, les hautes maisons de la ville et, à l'horizon, la mer éclairée des rayons du soleil couchant.

Charmante esquisse.

Toile. Haut., 28 cent.; larg., 39 cent.

BONINGTON

(RICHARD PARKES)

107 — *Milton et ses filles.*

Ébauche.

Toile. Haut., 25 cent.; larg., 32 cent.

BONINGTON
(Attribués à R.-P.)

108 — *Les Deux Sœurs.*

L'une vêtue de noir, assise dans une bergère devant sa table-toilette; l'autre en blanc, les mains posées sur le haut dossier du fauteuil.

109 — *La Lecture.*

Une jeune princesse, assise dans un fauteuil et accoudée sur une table, semble écouter la lecture que lui fait une camériste.

Toiles. Haut., 27 cent.; larg., 21 cent.

BOUT ET BOUDEWYNS

110 — *Intérieur de village.*

Sur une place publique, devant une église accotée à des maisons couvertes de tuiles rouges, des villageois dansent au son d'un orchestre de trois musiciens, d'autres se promènent.

A gauche et vers le fond, une marchande de fruits.

Au premier plan, sur une route, un chariot attelé de quatre chevaux et des mendiants.

Bon tableau animé de figures spirituellement touchés.

Toile. Haut., 38 cent.; larg., 60 cent.

BREENBERGH
(BARTHÉLEMY)

111 — *Jésus et la Samaritaine.*

Fond de paysage montagneux, avec vue de villes et personnages.

Bon tableau de l'artiste.

Signé à gauche du monogramme.

Toile. Haut., 36 cent.; larg., 55 cent.

BREUGHEL DE VELOURS

(JEAN)

112 — *La Route.*

Elle est animée de figures : cavaliers, charrette et paysans. Un paysage d'une coloration bleue s'étend à l'horizon.

Bois. Haut., 26 cent.; larg., 33 cent.

BREUGHEL D'ENFER

(Attribué à PIERRE)

113 — *L'Enfer.*

Composition de nombreuses figures de démons et appareils de sorcellerie.

Bois. Haut., 21 cent.; larg., 30 cent.

CRAESBECK

(JOOST VAN)

114 — *Buste d'Homme, coiffé d'un chapeau de feutre.*

Bois. Haut., 12 cent.; larg., 8 cent.

CUYLEMBOURG

(DEUX PENDANTS)

115 — *Diane découvrant la grossesse de Calisto.*

116 — *Mars et Vénus.*

Bois de forme ronde.
Cadres en bois sculpté.

Diam., 20 cent.

DIETRICY
(CHRÉTIEN-GUILLAUME)

117 — *Loth et ses filles.*

Ils sont réunis dans une grotte. On aperçoit, dans le fond, la femme de Loth changée en statue de sel et se détachant sur la ville incendiée.

Signé à droite et daté.

Cadre en bois sculpté.

Bois. Haut., 35 cent.; larg., 27 cent.

(*Vente Pauwels, 1830.*)

VAN DYCK
(D'après ANTOINE)

118 — *Une Dame et sa fille.*

Cadre en bois sculpté.

Toile. Haut., 22 cent.; larg., 16 cent.

GOYEN
(Attribué à JEAN VAN)

(DEUX PENDANTS)

119-120 — *Paysages et bords de rivière animés de figures.*

Panneaux de formes octogonales.

Haut., 16 cent.; larg., 21 cent.

GUARDI
(FRANCESCO)

(DEUX PENDANTS)

121 — *Vues des environs de Venise.*

Constructions, bateaux et figures de pêcheurs.

Charmants petits tableaux.

Bois. Haut., 65 millim.; larg., 85 millim.

GUARDI
(Attribué à FRANCESCO)

122 — *La Place Saint-Marc, à Venise.*

Toile. Haut., 27 cent.; larg., 37 cent.

HEEM
(DAVID DE)

123 — *Fruits, légumes, oiseau perché sur une branche; le tout sur une table de pierre.*

Toile. Haut., 60 cent.; larg., 68 cent.

HEEMSKERK

124 — *Réunion au cabaret.*

Composition de nombreux personnages.

Toile. Haut., 70 cent.; larg., 1 m. 06 cent.

HŒFNAGEL
(GEORGE)

125 — *Le Bain de Diane.*

La déesse est sous une grotte, assise près d'une fontaine et entourée des nymphes.

Cuivre. Haut., 33 cent.; larg., 25 cent.

HONDEKOETER
(Attribué à GYSBERT DE)

126 — *Oiseau de basse-cour, fleurs et fruits.*

Cadre en bois sculpté.

Toile décorative. Haut., 1 m. 12 cent.; larg., 1 m. 45 cent.

KESSEL
(JEAN VAN)

127 — *Le Repos de la Sainte Famille.*

Paysage semé de fleurs, au premier plan.

Cuivre. Haut., 17 cent.; larg., 22 cent.

LAAR
(PIERRE VAN)

128 — *Soudards à l'hôtellerie.*

Des soudards sont installés dans le fond d'une hôtellerie. L'un d'eux courtise de près une femme assise sans façon au milieu du groupe; une servante lui verse à boire.

Composition de huit figures.

Cadre en bois sculpté.

Bois. Haut., 47 cent.; larg., 63 cent.

LINGELBACH
(JEAN)

129 — *Vue d'une Ville italienne au bord de la mer.*

Au premier plan, trois figures et des bagages déposés sur la grève.

Toile. Haut., 70 cent ; larg., 1 m.02 cent.

LIVENS

(JAN)

130 — *La Martyre.*

Une femme vêtue d'une robe de satin jaune est assise à terre au pied d'un arbre, les yeux fermés, la poitrine découverte. Deux flèches percent son sein; l'une d'elles enfoncée par un homme agenouillé devant elle et la tenant par la main. Un vieillard à barbe blanche soutient la suppliciée par les épaules.

A droite, un carquois et différents accessoires posés à terre sous la garde d'un chien.

Tableau d'une lumineuse coloration.

Bois. Haut., 60 cent.; larg., 71 cent.

MAES

(NICOLAS)

131 — *Portrait d'une Dame de qualité.*

Vêtue d'une robe de soie jaune décolletée, les cheveux ornés de fleurs, entourée d'une écharpe de soie grise, elle est représentée debout dans un parc, tenant d'une main un arc et des flèches de l'autre mouillant ses doigts à une fontaine. Un chien dressé sur la vasque du monument se désaltère.

Beau portrait largement exécuté.

Cadre en bois sculpté.

Toile. Haut., 70 cent.; larg., 58 cent.

MOLYN

(PIERRE)

132 — *Chaumière au bord d'un cours d'eau.*

Sur une route bordant la rivière, quatre personnages, dont une femme, lavent du linge.

Signé à gauche.

Bois. Haut., 22 cent.; larg., 34 cent.

MOLYN
(PIERRE)

133 — *Environs d'une Ville hollandaise.*

Au premier plan, trois paysans sur une route.

La ville s'étend à l'horizon; on aperçoit, dans le fond, la mâture des bateaux d'un port.

Bois. Haut., 46 cent.; larg., 60 cent.

NAUWJNEX

134 — *La Halte.*

Le paysage présente, à gauche, un bouquet d'arbres, dont les rameaux touffus se détachent sur le ciel chargé de nuages.

Deux hommes sont arrêtés sur un chemin sinueux. A droite, un cours d'eau coule sur la lisière d'un bois, que surmontent des massifs de rochers.

Œuvre d'un artiste hollandais du XVIIe siècle qui fut peintre et graveur. Ses tableaux sont très rares. On connaît de lui seize petites eaux-fortes décrites par Bartsch.

Signé : *Nauwjnex.*

Bois. Haut., 47 cent.; larg., 40 cent.

OMMEGANCK
(BALTHAZAR-PAUL)

135 — *La Ferme.*

Dans un pré traversé par un ruisseau, où paissent des animaux, une femme est occupée, au premier plan, à traire une vache.

Dans le fond, des bâtiments couverts de chaume.

Jolie composition d'une grande finesse d'exécution.

Signé à gauche et daté 1777.

PANINI

(DEUX PENDANTS)

136 — *Ruines et monuments de Rome.*

Compositions animées de figures réunies dans le même cadre, en bois sculpté.

Toiles. Haut., 32 cent.; larg., 18 cent.

PELLEGRINI

(ANTONIO)

137 — *Le Triomphe d'un empereur romain.*

Belle esquisse.
Cadre en bois sculpté.

Toile. Haut., 40 cent.; larg., 62 cent.

REYNOLDS

(Attribué à SIR JOSUA)

138 — *Robinetta.*

Portrait de l'honorable Anna Tollemache, quand elle était Miss Lewis. Jeune fille assise dans un paysage, le bras gauche appuyé sur une cage et touchant le bec d'un oiseau posé sur son épaule droite.

Toile. Haut., 75 cent.; larg., 61 cent.

RUBENS

(D'après P.-P.)

139 — *Hélène Fourment, seconde femme de Rubens, et ses deux enfants.*

Toile. Haut., 42 cent.; larg., 28 cent.

RUYSDAEL
(D'après JACQUES)

140 — *Le Gué.*

Bois. Haut., 40 cent.; larg., 37 cent.

SCHWEICKARDT
(HENRI-GUILLAUME)

141 — *Vue d'un canal en Hollande.*

Un moulin à vent est relié par un pont à une maison couverte de tuiles rouges; des hommes chargent dans un bateau des sacs de farine. Au large, des bateaux à voiles. Au premier plan, sur une rive, des pêcheurs amarrant un canot.

Signé à gauche.

Fine peinture.

Bois. Haut., 32 cent.; larg., 40 cent.

SINGLETON

142 — *Les Deux Rivaux.*

Une jeune femme, en toilette blanche, chapeau à plume, est appuyée sur les épaules d'un gentilhomme, assis sur un fauteuil.

Au second plan, un homme debout en habit rouge, un bandeau sur un œil, son chapeau à la main.

Toile. Haut., 36 cent.; larg., 29 cent.

SPAENDONCK
(Attribué à C. VAN)

143 — *Vase de fleurs posé sur une console en marbre.*

Cadre en bois sculpté.

Toile. Haut., 78 cent.; larg., 60 cent.

SWAGERS
(FRANÇOIS)

144 — *Entrée d'un port en Hollande.*

Des bateaux à voiles vont au large. A droite, sur une rive, plusieurs figures de pêcheurs.

Signé à droite.

Toile. Haut., 12 cent.; larg., 21 cent.

TENIERS
(Attribué à DAVID)

145 — *Intérieur de tabagie.*

A gauche, dans un groupe, un buveur, coiffé d'une toque bordée de fourrure, semble le portrait de D. Teniers.

Important tableau.

Toile. Haut., 70 cent.; larg., 88 cent.

THEOTOCOPULI
(DOMINIQUE) dit le GRECO

146 — *Le Concert.*

Plusieurs personnages chantent ou jouent de divers instruments.

A gauche, l'un d'eux, vu de profil, tenant une partition, bat la mesure avec la main.

Belle et vigoureuse peinture rappelant, par son exécution, les œuvres de Velasquez.

Cadre en bois sculpté.

Toile. Haut., 1 m.; larg., 1 m. 55 cent.

VADDER
(LOUIS DE)

147 — *Paysage accidenté.*

Animé de figures attribuées à D. Teniers.

Signé à droite : *L. D. V.*

VERKOLJE
(NICOLAS)

148 — *La Collation.*

Une dame, en robe de satin blanc décolletée et ornée de perles, est assise dans un intérieur, accoudée sur une table couverte d'un tapis rouge; elle tient d'une main une orange et boit un verre d'eau qu'un petit nègre lui présente sur un plateau d'argent.

Un gentilhomme en longue perruque blanche est debout en arrière.

Cadre en bois sculpté.

Bois. Haut., 27 cent.; larg., 20 cent.

WITHOOS
(MATHIEU)

149 — *Fruits et gibier près d'un vase sur une table de pierre.*

Signé : *N. M. W.*

Toile. Haut., 72 cent.; larg., 55 cent.

WERF
(ADRIEN VAN DER)

(DEUX PENDANTS)

150 — *Portrait d'une Dame de qualité.*

Assise et accoudée près d'une console de pierre, en partie couverte d'un tapis d'Orient, tournée vers la droite, elle est vêtue d'une robe grise décolletée, et retient sur sa poitrine une écharpe de soie jaune, fixée à son épaule.

A gauche, une statue.

Fond de paysage.

Signé à gauche et daté 1705.

151 — *Portrait d'un Gentilhomme.*

Drapé dans un manteau gris, il est debout dans un parc, accoudé sur un balcon de pierre, le visage presque de face, une main tendue vers la droite.

Signé à droite et daté 1700.

Toiles. Haut., 48 cent.; larg., 40 cent.

WERFF
(ADRIEN VAN DER)

152 — *La Peseuse d'or.*

Assise devant une table, couverte d'un tapis d'Orient, elle porte un corsage décolleté, brodé d'or, et un manteau de velours rouge, bordé de fourrure blanche.

Derrière elle, un jeune garçon coiffé d'une toque.

Fine peinture en parfait état de conservation.

Bois. Haut., 28 cent.; larg., 21 cent.

(*Collection Carayon Talpeyrac.*)

WOUWERMAN
(Attribué à PHILIPPE)

153 — *Le Gué.*

Devant une tour en ruine, des cavaliers passent une rivière, l'un tenant son cheval blanc par la bride.

A gauche, des baigneurs.

Bois. Haut., 21 cent.; larg., 17 cent.

ÉCOLE ANGLAISE

154 — *La Femme à la Colombe.*

Vêtue d'un corsage jaune, jupe blanche, fichu noué sur les épaules, les cheveux blonds bouclés relevés, serrés par un ruban bleu, elle marche dans un parc, tenant dans ses mains une colombe.

Bois. Haut., 19 cent.; larg., 12 cent.

ECOLE ANGLAISE

155 — *La Visite au grand-père.*

Un vieillard, assis dans un fauteuil, ouvre les bras à une fillette debout devant lui, les yeux baissés. Au second plan, une dame en robe blanche, les mains croisées.

Bois. Haut., 30 cent.; larg., 24 cent.

ÉCOLE ANGLAISE

156 — *Le Roulier.*

Un chariot lourdement chargé, attelé de quatre chevaux activés par les claquements de fouet de leur conducteur, descend une route ravinée.

A droite, des moulins sur une éminence éclairée d'un vif rayon de soleil. La plaine s'étend vers le fond, assombrie par l'orage.

Toile. Haut., 37 cent.; larg., 50 cent.

ÉCOLE ANGLAISE

157 — *Étude de paysage.*

Au centre, dans un ravin, un chariot attelé de deux chevaux.

Toile. Haut., 21 cent.; larg., 29 cent.

ÉCOLE HOLLANDAISE

158 — *Le Retour de la pêche.*

Au bord d'une rivière hollandaise, de nombreux pêcheurs débarquent leurs bateaux, étalant et vendant leurs poissons sur la rive.

Cadre en bois sculpté.

Bois. Haut., 42 cent.; larg., 57 cent.

ÉCOLE HOLLANDAISE

159 — *Paysage alentour d'une ville Hollandaise.*

Au premier plan, trois personnages sur une route.

Plus loin, les toits des maisons bâties au bord d'une rivière.

Signé d'un monogramme.

Bois. Haut., 26 cent.; larg., 32 cent.

ÉCOLE HOLLANDAISE

160 — *Le Médecin de village.*

Grisaille.
Cadre en bois sculpté.

Bois. Haut., 30 cent.; larg., 23 cent.

161 — Sous ce numéro seront vendus les tableaux de diverses écoles non compris au catalogue.

DESSINS, AQUARELLES

PASTELS, GOUACHES

ÉCOLE FRANÇAISE

BEAUDOUIN
(PIERRE-ANTOINE)

162 — *Figures de Femmes portées sur des nuages.*

Joli dessin à la sanguine et au crayon noir, rehaussé de blanc.

Haut., 14 cent.; larg., 24 cent.

BERTHELEMY
(JEAN-SIMON)

163 — *Naiades et dieux marins.*

Dessin au bistre.

Haut., 18 cent.; larg., 34 cent.

BLARENBERGHE
(LOUIS-NICOLAS)

164 — *Vue du Port et de l'arsenal de Brest.*

A droite, des dames, des gentilshommes et des soldats sur une route.
Signé et daté 1776.
Gouache.

Haut., 38 cent.; larg., 53 cent.

BOISSIEU
(JEAN-JACQUES DE)

165 — *Trois Figures, l'une assise vue de dos.*

Dessin au lavis d'encre de Chine.

Haut., 14 cent.; larg., 14 cent.

BOISSIEU
(JEAN-JACQUES DE)

166 — *Le Grand-Père entouré de ses petits enfants.*

Dessin au lavis d'encre de Chine.

Haut., 15 cent.; larg., 12 cent.

BOREL
(ANTOINE)

167 — *Vous avez la clé, mais il a trouvé la serrure.*

Aquarelle.
Gravée par Anselin, sous le titre ci-dessus.

Haut., 21 cent.; larg., 16 cent.

BOREL
(ANTOINE)
(DEUX PENDANTS)

168 — *Le Maréchal des logis.*

(Trait de Courage de Louis Gillet.)

169 — *La Demande en mariage.*

Gravés par Voisard, sous les titres ci-dessus.
Aquarelles.
Cadres en bois sculpté.

Haut., 24 cent.; larg., 18 cent.

BOUCHER
(FRANÇOIS)

170 — *Jeune Fille en buste.*

La tête inclinée sur la droite, les cheveux relevés et ornés de fleurs, le corsage décolleté, elle est accoudée et tient une rose à la main.
Dessin au crayon noir, rehaussé de pastel.
Cadre en bois sculpté.

Haut., 22 cent.; larg., 15 cent.

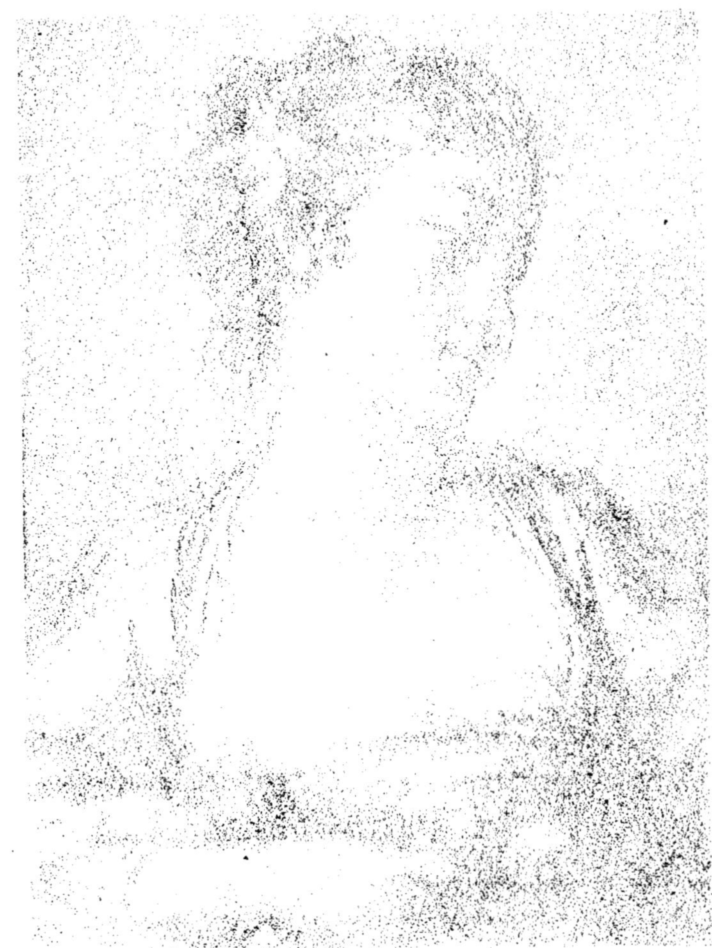

BOISSIEU
(JEAN-JACQUES DE)

166 — *Le Grand-Père entouré de ses petits enfants.*

Dessin au lavis d'encre de Chine.

Haut., 15 cent.; larg., 12 cent.

BOREL
(ANTOINE)

167 — *Vous avez la clé, mais il a trouvé la serrure.*

Aquarelle.
Gravée par An[illegible], sous le titre ci-dessus.

Haut. [illegible] cent.

[illegible]

168 — *[illegible]*

Trait de Courage de Louis Gillet.

169 — *La Demande en mariage.*

Gravés par Voisard, sous les titres ci-dessus.
Aquarelles.
Cadres en bois sculpté.

Haut., 25 cent.; larg., 18 cent.

BOUCHER
(FRANÇOIS)

170 — *Jeune Fille en buste*

La tête inclinée [illegible] de fleurs, le corsage [illegible] main.
Des[illegible]
Cadre [illegible]

[illegible] cent.; larg., 15 cent.

F. BOUCHER

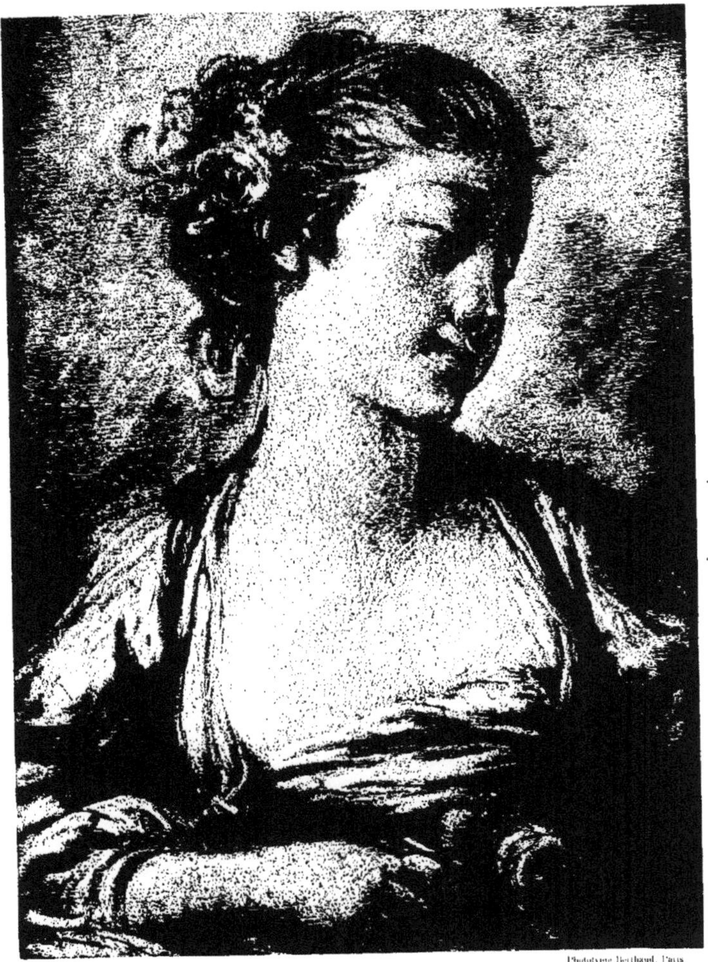

Phototypie Berthaud, Paris

BOUCHER
(FRANÇOIS)

171 — *Femme vue de dos, appuyée sur un socle.*

Debout, vêtue d'étoffes amplement drapées, une épaule découverte.
Dessin au crayon noir, rehaussé de blanc, sur papier gris.
Cadre en bois sculpté.

Haut., 32 cent.; larg., 19 cent.

BOUCHER
(FRANÇOIS)

172 — *Figure mythologique.*

Tête de jeune fille, les yeux levés vers le ciel, une flamme sur la tête.
Dessin au crayon noir, rehaussé de blanc et sur papier gris.

Haut., 31 cent.; larg., 25 cent.

(Collections Marmontel et H. Porgès.)

BOUCHER
(FRANÇOIS)

173 — *Pan et Syrinx.*

La nymphe s'est réfugiée dans les bras d'un fleuve. Pan apparaît parmi les roseaux.
Pastel de forme ronde.
Cadre en bois sculpté.

Diam., 26 cent.

BOUCHER
(FRANÇOIS)

174 — *Sujet tiré de l'histoire romaine.*

Une princesse, suivie de ses femmes, est reçue par un guerrier, debout sous une tente.

Importante composition largement exécutée.

Dessin à la sépia, avec rehauts de blanc.

Cadre en bois sculpté.

Haut., 42 cent.; larg., 20 cent.

BOUCHER
(FRANÇOIS)

175 — *L'Invention du dessin.*

Une jeune femme, debout, dessine sur un mur l'ombre portée d'un jeune homme, assis près d'une table où brûle une lampe romaine. A droite, une femme coiffée d'un fichu.

Dessin à la sanguine.

Haut., 20 cent.; larg., 16 cent.

BOUCHER
(FRANÇOIS)

176 — *La Halte.*

Un jeune fermier debout, appuyé sur un tertre, offre une poire à un jeune enfant tenu par sa mère.

Au second plan, un âne chargé d'un bât.

Dessin à la pierre noire, rehaussé de blanc.

Haut., 32 cent.; larg., 24 cent.

BOUCHER
(FRANÇOIS)

177 — *Etude de têtes de femmes.*

L'une de profil, coiffée d'un voile; l'autre, vue de dos, la tête de trois quarts, et la troisième, au second plan, vue presque de face.
Dessin au crayon noir, rehaussé de blanc.

Haut., 22 cent.; larg., 34 cent.

BOUCHER
(FRANÇOIS)

178 — *Nymphes et Amours groupés sur un nuage.*

Dessin à la plume et au lavis de bistre, sur papier teinté.
Cadre en bois sculpté.

Haut., 28 cent.; larg., 20 cent.

BOUCHER
(FRANÇOIS)

179 — *La Mendiante et ses enfants.*

Dessin à la mine de plomb.
Cadre en bois sculpté.

Haut., 22 cent.; larg., 16 cent.

BOUCHER
(École de FRANÇOIS)

180 — *Femme nue, étendue sur une draperie et tenant une colombe à la main.*

Dessin à la sanguine, rehaussé de blanc.
Cadre en bois sculpté.

Haut., 25 cent.; larg., 36 cent.

BOUCHER

(École de FRANÇOIS)

181 — *Femme étendue sur son lit de repos et tenant une colombe.*

Crayon noir, sanguine, rehaussé de blanc et sur papier gris.
Cadre en bois sculpté.

Haut., 47 cent.; larg., 33 cent.

BOUCHER

(École de FRANÇOIS)

182 — *Paysan et son chien.*

Dessin au crayon noir, rehaussé de blanc, sur papier bleu.

Haut., 22 cent.; larg., 29 cent.

BOUCHER

(Genre de FRANÇOIS)

183 — *Bergère au bain.*

Dessin à la plume et à la sépia.
Cadre en bois sculpté, à fronton armorié.

Haut., 32 cent.; larg., 22 cent.

BOUCHER

(D'après FRANÇOIS)

184 — *L'Obéissance récompensée.*

Composition gravée par Gaillard, sous le titre ci-dessus.
Joli pastel.
Cadre en bois sculpté.

Haut., 52 cent.; larg., 37 cent.

BOUCHER
(D'après FRANÇOIS)

185 — *Neptune et Amymone.*

Neptune, armé de son trident, soustrait aux violences d'un satyre Amymone étendue sur le rivage.

Bon dessin à la sanguine.

Haut., 45 cent.; larg., 33 cent.

BOUCHER
(D'après FRANÇOIS)

186 — *La Ménagère.*

Scène d'intérieur.

Desin au bistre.

Haut., 23 cent.; larg., 17 cent.

CARESME
(PHILIPPE)

187 — *Le Colin-Maillard.*

Signé et daté 1780.

Aquarelle.

Cadre en bois sculpté.

Haut., 22 cent.; larg , 28 cent.

CARESME
(PHILIPPE)

(DEUX PENDANTS)

188 — *Danses de bacchants et de bacchantes.*

Aquarelles.

Haut., 23 cent.; larg., 30 cent.

CASANOVA
(FRANÇOIS)

189 — *Choc de cavalerie.*

Dessin à la sanguine.
Cadre en bois sculpté.

Haut., 38 cent.; larg., 45 cent.

CHARLIER
(JACQUES)

190 — *Le Bain.*

Une baigneuse vue de face, debout sur la rive, appuyée d'une main sur un tronc d'arbre, va entrer dans un cours d'eau. Sa suivante, agenouillée sur un rocher, la soutient par la taille, tenant entre ses mains son dernier voile.
Gouache.

Haut., 22 cent.; larg., 18 cent.

CHARLIER
(JACQUES)

191 — *L'Autel de l'amitié.*

Jolie composition d'après Fr. Boucher, gravée par Demarteau.
Gouache.
Cadre en bois sculpté.

Haut., 30 cent.; larg., 21 cent.

CHARLIER
(JACQUES)

192 — *Les Lunettes.*

Sujet tiré des contes de La Fontaine.
Gouache.

Haut., 30 cent.; larg., 22 cent.

COCHIN
(CHARLES-NICOLAS)

193 — *Six Compositions pour illustrer le Nouveau Testament.*

Dessin à la sanguine.
Cadre en bois sculpté.

COURTOIS

194 — *Jeune fille en buste.*

Tournée vers la gauche, en corsage décolleté, elle porte un petit chapeau plat, à plumes, sur ses cheveux relevés et bouclés.
Dessin à la sanguine.

Haut., 14 cent.; larg., 11 cent.

COYPEL
(NOEL)

195 — *Arion.*

Monté sur un dauphin, et entouré de naïades et d'un triton, il joue du luth.
Dessin à la sanguine et au bistre.
Cadre en bois sculpté.

Haut., 44 cent.; larg., 56 cent.

COYPEL
(NOEL)

196 — *Composition allégorique.*

Étude d'un plafond.
Aquarelle.
Cadre en bois sculpté.

Haut., 55 cent.; larg., 31 cent.

DARMANCOURT

197 — *Buste de Jeune Femme.*

Dessin à l'estompe, rehaussé aux crayons de couleur.
Cadre en bois sculpté.

Haut., 44 cent.; larg., 32 cent.

DEBUCOURT

(PHILIPPE-JEAN)

198 — *Chevaux de course à l'arrivée.*

Deux chevaux galopant sur une piste. Le jokey du premier se retourne en arrière, vers son concurrent qui cravache sa monture.
Dessin à la sépia.
Cadre en bois sculpté.

Haut., 26 cent.; larg., 37 cent.

DESHAYS

(JEAN-BAPTISTE)

199 — *Jeune Fille en buste, reposant sur un coussin bleu.*

Pastel.

Haut., 30 cent.; larg., 39 cent.

DESRAIS

(CLAUDE-LOUIS)

200 — *Le Peintre amoureux.*

201 — *L'Heureux Jardinier.*

Deux gracieuses compositions pouvant faire pendant.
Dessins à la plume, sépia et crayon noir.

Haut., 20 cent.; larg., 14 cent.

DESRAIS
(CLAUDE-LOUIS)

202 — *La Blanchisseuse portant son linge.*

Elle se repose, assise sur une borne.
Dessin à la plume et au bistre.
Cadre en bois sculpté.

Haut., 26 cent.; larg., 14 cent.

DESRAIS
(CLAUDE-LOUIS)

203 — *Les Occupations champêtres.*

Important dessin au lavis d'encre de Chine.
Cadre en bois sculpté.

Haut., 83 cent.; larg., 54 cent.

DE TROY
(FRANÇOIS)

204 — *Le Joueur de cartes.*

Figure d'homme, coiffé d'un tricorne, assis et tenant une carte à la main gauche.
Dessin aux trois crayons.
Cadre en bois sculpté.

Haut., 38 cent.; larg., 30 cent.

DUPLESSIS
(H.)
(DEUX PENDANTS)

205 — *Scènes militaires.*

Aquarelles.
Signées à gauche.
Cadres en bois sculpté.

Haut., 18 cent.; larg., 25 cent.

DUPLESSIS
(H.)

206 — *Le Triomphe de la Révolution Française.*

Composition allégorique.
Dessin au lavis d'encre de Chine.

Haut., 50 cent.; larg., 58 cent.

DUPLESSIS
(D'après H.)

207 — *Portrait de Louis XVI.*

Pastel.

Haut., 57 cent.; larg., 46 cent.

DUPUY
(DEUX PENDANTS)

208 — *Entrée et terrasse d'un parc.*

Statues, vases de pierre, escalier monumental et promeneurs.
Gouaches.
Cadres en bois sculpté.

Haut., 39 cent.; larg., 55 cent.

DROUAIS
(HUBERT)

209 — *Jeune Femme en buste.*

Vue presque de face, les épaules découvertes, le visage souriant ; elle porte une toque bleue sur ses cheveux relevés, poudrés et ornés d'une rose ; un ruban autour du cou.
Pastel.
Cadre en bois sculpté.

Haut., 31 cent.; larg., 26 cent.

FRAGONARD
(HONORÉ)

210 — *Vue des jardins de la villa d'Este.*

Au centre, une statue en partie cachée par les broussailles.
Dessin à la sanguine.
Cadre en bois sculpté.

Haut., 37 cent.; larg., 34 cent.

FRAGONARD
(Genre de H.)

211 — *Parc avec dieu terme, près d'un socle de pierre, balustrade, etc.*

Dessin à la sanguine.

Haut., 23 cent.; larg., 23 cent.

GAVARNI

212 — *Mon épouse? Elle a un anneau dans le nez: l'anneau du mariage.*

Signé à droite.
Aquarelle.

GILLOT
(CLAUDE)

213 — *Fête du dieu Pan.*

Dessin à la sanguine.
Gravé par l'artiste.

Haut., 17 cent.; larg., 37 cent.

GRANET

(FRANÇOIS-MARIUS)

214 — *La Commune d'Aix accepte la Constitution française.*

Importante composition, comprenant d'innombrables figures.
Signée à gauche.
Aquarelle.

Haut., 41 cent.; larg., 51 cent.

GRAVELOT

(HUBERT)

215 — *Joueur de flûte couronné par une bergère.*

Dessin à la sépia.

Haut., 9 cent.; larg., 10 cent.

GRAVELOT

(HUBERT)

216 — *La Foi, l'Espérance, la Charité.*

Trois vignettes à la sépia, dans un même cadre.

Haut., 10 cent.; larg., 5 cent.

GRAVELOT

(HUBERT)

217 — *Entourage pour un portrait.*

Dessin à la sépia.
Gravé.
Cadre en bois sculpté.

Haut., 11 cent.; larg., 8 cent.

GREUZE
(JEAN-BAPTISTE)

218 — *La Rentrée du troupeau.*

Une fermière, assise, prépare le breuvage d'un veau qu'un jeune enfant caresse tendrement.

Dessin à l'encre de Chine, rehaussé de blanc, sur papier gris.

Haut., 31 cent.; larg., 40 cent.

GROLLIER (?)
(LOUIS)

219 — *La Partie de musique.*

Un jeune homme joue de la flûte, assis sur un tertre, près d'une jeune femme chantant et tenant une perruche sur la main. Derrière eux, un valet verse à boire. Dans le fond, trois personnages jouant aux cartes.

Gouache.

Cadre en bois sculpté.

Haut., 20 cent.; larg., 14 cent.

GUERSANT
(D'après H. FRAGONARD)

220 — *La Chemise enlevée.*

Dessin de forme ovale, à la mine de plomb, exécuté pour sa gravure.

Cadre en bois sculpté.

Haut., 30 cent.; larg., 24 cent.

HOIN
(CLAUDE-JOSEPH)

221 — *L'Écluse.*

Au fond, un pont de pierre à deux arches. Sur les rives, plusieurs constructions rustiques.

Aquarelle gouachée.

Cadre en bois sculpté.

Haut., 32 cent.; larg., 24 cent.

HUET
(JEAN-BAPTISTE)

222 — *Le Pont rustique.*

Il est traversé par une villageoise et son enfant.
Au fond, les bâtiments d'une ferme.
Dessin à la sanguine et à la sépia.
Signé et daté 1789.
Cadre en bois sculpté.

Haut., 40 cent.; larg., 26 cent.

HUET
(JEAN-BAPTISTE)

223 — *Pastorale.*

Un berger est au pied d'une bergère, assise à gauche sur un tertre. Des vaches, des chèvres et des moutons paissent dans la campagne.
Aquarelle.
Signée et datée 1781.
Cadre en bois sculpté.

Haut., 20 cent.; larg., 28 cent.

HUET
(JEAN-BAPTISTE)

224 — *Troupeau de moutons sous la garde d'un chien.*

Aquarelle.
Signée et datée 1787.

Haut., 25 cent.; larg., 33 cent.

HUET
(JEAN-BAPTISTE)

225 — *Bergère et son troupeau, près d'une arche en ruines.*

Dessin à la plume et à la sépia.
Cadre en bois sculpté.

Haut., 25 cent.; larg., 32 cent.

HUET
(JEAN-BAPTISTE)

226 — *Troupeau conduit par des bergères.*

Il est arrêté près d'un cours d'eau, traversé par un pont de bois.
Dessin à la sépia et à l'encre de Chine, rehaussé d'aquarelle.
Cadre en bois sculpté.

Haut., 32 cent.; larg., 40 cent.

HUET
(JEAN-BAPTISTE)

227 — *L'Enlèvement d'Europe.*

Dessin à la sépia.
Signé et daté 1789.
Cadre en bois sculpté.

Haut., 14 cent.; larg., 11 cent.

HUET
(JEAN-BAPTISTE)
(DEUX PENDANTS)

228 — *Animaux au repos.*

Dans l'un, une vache, un veau et deux moutons.
Dans l'autre, un âne et des chèvres.
Dessins au crayon noir et au lavis d'encre de Chine.

Haut., 36 cent.; larg., 50 cent.

HUET
(JEAN-BAPTISTE)

(DEUX PENDANTS)

229 — *Chinoiseries.*

Dessins au lavis d'encre de Chine.
Cadres en bois sculpté.

Haut., 21 cent.; larg., 16 cent.

HUET
(Attribué à JEAN-BAPTISTE)

230 — *Bergers et leur troupeau faisant halte.*

On lit à droite : *J. B. Huet 1780.*
Dessin à la sépia.
Cadre en bois sculpté.

Haut., 30 cent.; larg., 50 cent.

HUET
(D'après JEAN-BAPTISTE)

231 — *L'Amant récompensé.*

Aquarelle de forme ovale, sur trait gravé.
Cadre en bois sculpté.

Haut., 20 cent.; larg., 16 cent.

JEAURAT
(ETIENNE)

232 — *Le Déjeuner.*

Une jeune femme, vue de profil, le visage tourné vers le spectateur, est assise devant une table, prenant son déjeuner du matin.
Dessin au crayon noir et à la sanguine, rehaussé de blanc.

Haut., 37 cent.; larg., 23 cent.

LAMI
(EUGÈNE)

233 — *La Mort de Desdémone.*

Aquarelle gouachée.

Haut., 9 cent.; larg., 15 cent.

LANTARA
(SIMON-MATHURIN)

(DEUX PENDANTS)

234 — *Les Moines paillards.*

Compositions gravées.
Dessins au crayon noir, rehaussé de blanc, sur papier gris.

Haut., 23 cent.; larg., 29 cent.

LEBRUN
(D'après L.)

235 — *Le Coucher de la mariée.*

Aquarelle gouachée.
Cadre en bois sculpté.

Haut., 24 cent.; larg., 17 cent.

LEMOINE

236 — *Portrait de femme assise dans la galerie d'un palais.*

Dessin au crayon noir et à l'estompe, légèrement rehaussé d'aquarelle.

Haut., 45 cent.; larg., 36 cent.

LE PRINCE
(JEAN-BAPTISTE)

237 — *Le Traîneau.*

Dans une cour de ferme, deux jeunes enfants traînent sur une planche un petit camarade, coiffé d'un grand chapeau et agitant un fouet.

Très joli dessin à la sépia.

Cadre en bois sculpté.

Haut., 16 cent.; larg., 22 cent.

MALLET
(JEAN-BAPTISTE)

238 — *Le Réveil du dernier né dans un intérieur villageois.*

Un petit enfant nu, debout sur son berceau, embrasse sa mère, qui le tient dans ses bras. Un jeune garçon, coiffé d'un bonnet, est appuyé sur le dossier du berceau. A gauche, une femme, assise, ayant un enfant auprès d'elle. Devant le foyer et vers le fond, une femme âgée est occupée aux soins de la cuisine.

Aquarelle gouachée.

Cadre en bois sculpté.

Haut., 26 cent.; larg., 21 cent.

MALLET
(JEAN-BAPTISTE)

239 — *Frère Luce.*

Sujet tiré des contes de La Fontaine.

Gouache.

Haut., 28 cent.; larg., 22 cent.

MONNOYER
(D'après BAPTISTE)

(DEUX PENDANTS)

240 — *Corbeilles de fleurs.*

Dessins à l'encre de Chine.

Haut., 42 cent.; larg., 51 cent.

MOREAU
(LOUIS)

241 — *Vue d'un lac entouré de hautes montagnes.*

Au fond, les maisons d'un village où s'élève une tour.
Très jolie aquarelle gouachée.
Cadre en bois sculpté.

Haut., 14 cent.; larg., 10 cent.

MOREAU
(LOUIS)

242 — *Cours d'eau entre des rochers.*

Au premier plan, des pêcheurs, les uns dans une barque tirant leur filet.
Dans le fond, des hautes montagnes.
Très jolie aquarelle.
Cadre en bois sculpté.

Haut., 13 cent.; larg., 19 cent.

MOREAU
(LOUIS)

243 — *Paysage avec chaumière et cours d'eau.*

Dessin au crayon noir, rehaussé d'aquarelle.
Signé des initiales.

Haut., 17 cent ; larg., 26 cent.

MOREAU

(LOUIS)

(DEUX PENDANTS)

244 — *Vue d'une Rivière traversée par un pont; effet de nuit.*

Sur la rive droite, des muletiers; plus loin, une haute tour.

245 — *Le Moulin à eau.*

Alentour, des pêcheurs au bord d'une large rivière.
Aquarelles gouachées.
Cadres en bois sculpté.

Haut., 24 cent.; larg., 33 cent.

MOREAU

(LOUIS)

246 — *Incendie d'un navire dans un port.*

Effet de nuit.
Aquarelle gouachée.
Cadre en bois sculpté.

Haut., 20 cent.; larg., 32 cent.

MOREAU

(LOUIS)

247 — *Monument en ruines.*

Aquarelle gouachée.

Haut., 14 cent.; larg., 11 cent.

NATOIRE

(CHARLES-JOSEPH)

248 — *Le Sommeil d'Endymion.*

Dessin au bistre et à l'encre de Chine, avec légers rehauts de blanc.

Haut., 32 cent.; larg., 24 cent.

NOEL
(DEUX PENDANTS)

249 — *Vue de Paris, prise aux environs du Château de Bercy.*

250 — *Autre vue de Paris, prise du Pont-Neuf.*

Aquarelles gouachées.
Cadres en bois sculpté.

Haut., 40 cent.; larg., 76 cent.

NOILE
(DEUX PENDANTS)

251 — *Ports de mer dans des sites montagneux.*

Gouaches.
Signées et datées.

Haut., 34 cent.; larg., 26 cent.

NORBLIN
(JEAN-PIERRE DE LA GOURDAINE)

252 — *Le Philosophe en méditation.*

Dessin au lavis d'encre de Chine.
Cadre en bois sculpté.

Haut., 36 cent.; larg., 30 cent.

NORBLIN
(JEAN-PIERRE DE LA GOURDAINE)

253 — *La Présentation au peuple.*

Gouache.
Gravée par l'artiste.

Haut., 35 cent.; larg., 40 cent.

OUDRY

(Genre de JEAN-BAPTISTE)

254 — *Escalier d'un parc avec figures.*

Dessin à la plume et au crayon noir, rehaussé de pastel, sur papier jaune.

Cadre en bois sculpté.

Haut., 23 cent.; larg., 32 cent.

PARIZEAU

EDME-GRATIEN)

255 — *Les Fermières.*

Dessin à la sanguine.

Haut., 19 cent.; larg., 30 cent.

PARIZEAU

(EDME-GRATIEN)

256 — *Le Départ du fermier.*

Dessin à la sanguine.

Cadre en bois sculpté.

PATEL

(PIERRE)

257 — *Paysage, ruines et cascade.*

Signé au centre.

Gouache.

Cadre en bois sculpté.

Haut., 20 cent.; larg., 28 cent.

PERLIN

258 — *Le Vestibule d'un Palais.*

Il est animé de personnages : les uns se disposant à monter un escalier. A droite, la vue d'un parc.

Aquarelle.

Cadre en bois sculpté.

Haut., 43 cent.; larg., 37 cent.

PERNET

259 — *Les Lavandières.*

Elles sont au bord d'une rivière entourée de monuments en ruine.

Aquarelle de forme ronde.

Cadre en bois sculpté.

Diam., 24 cent.

PICART

(BERNARD)

260 — *Le Jeu de l'ombre.*

Deux dames et un gentilhomme sont assis dans un parc autour d'une table triangulaire. Un négrillon, assis en arrière sur un tertre, tient une perruche sur son doigt.

Gravé par l'artiste.

Dessin à l'encre de Chine.

Cadre en bois sculpté.

Haut., 17 cent.; larg., 24 cent.

PILLEMENT

(JEAN)

(DEUX PENDANTS)

261 — *Villageois et troupeau en marche.*

Dessins au crayon noir.

Haut., 17 cent.; larg., 26 cent.

PILLEMENT
(JEAN)

262 — *Kiosques chinois.*

Deux dessins au lavis d'encre de Chine, dans le même cadre.

Haut., 22 cent.; larg., 15 cent.

PORTAIL
(JACQUES-ANDRÉ)

263 — *Vue du château de Bellevue, prise du côté de la glacière.*

264 — *Vue en perspective du château de La Celle Saint-Cloud, prise du côté de l'entrée.*

Importantes compositions, animées d'élégantes figures de dames et de gentilshommes. Au premier plan, des paysages d'une vaste étendue.
Dessins à la plume.

Le premier mesure : Haut., 39 cent.; larg., 90 cent.
Le second : Haut., 39 cent.; larg., 85 cent.

PRUD'HON
(PIERRE)

265 — *Bas-relief et mascaron.*

Dessin au crayon noir, rehaussé de blanc, sur papier gris.
Cadre en bois sculpté.

Haut., 9 cent.; larg., 18 cent.

RAFFET

266 — *La Promenade en gondole.*

267 — *La Partie de dés.*

Compositions romantiques, à personnages en costumes de la Renaissance.

Deux aquarelles dans le même cadre.

ROBERT
(HUBERT)

268 — *Vue d'une cour de ville romaine.*

Au delà, deux temples et une terrasse plantée d'arbres.

Aquarelle.

Cadre en bois sculpté.

Haut., 35 cent.; larg., 42 cent.

ROBERT
(HUBERT)

269 — *Escalier de parc près d'une construction rustique.*

Au bas des degrés, des joueurs de boules.

Dessin à la sanguine.

Cadre en bois sculpté et doré en deux tons.

Haut., 39 cent.; larg., 51 cent.

ROBERT
(HUBERT)

270 — *Cour du palais d'Avignon.*

Dessin au bistre.

Signé et daté 1783.

Haut., 32 cent.; larg., 26 cent.

ROBERT

(Attribué à HUBERT)

271 — *Vue d'un parc, avec figures, terrasses, jets d'eau, etc.*

Dessin à la sanguine.

Haut., 35 cent.; larg., 45 cent.

ROSIER

272 — *Vue d'un village au bord d'un lac.*

Au premier plan, un tertre embroussaillé et un grand arbre.
Aquarelle gouachée.

Haut., 20 cent.; larg., 27 cent.

SAINT-AUBIN

(GABRIEL DE)

273 — *Une Dispute au marché aux fleurs.*

Il est établi sur le quai en aval du Pont-Neuf.

Devant un éventaire, deux vieilles femmes se battent : l'une d'elles, debout, un poing levé, tient par les cheveux son adversaire, assise sur un panier. Une jeune femme la retient par la taille. Trois soldats assistent, en riant, à cette scène qui attire les curieux.

A gauche, une dame regarde un pot de fleurs, que lui présente une marchande.

Au delà du pont, la Samaritaine et l'Institut en perspective.

Importante composition du faire le plus spirituel de l'artiste.

Dessin à la sanguine, rehaussé de blanc.

Haut., 22 cent.; larg., 35 cent.

SAINT-AUBIN

(GABRIEL DE)

274 — *Scène théâtrale.*

Au premier plan, des personnages en costumes orientaux.

Dans le fond, un décor de ruines et un prisonnier ayant rompu ses chaînes.

Dessin à la plume et au bistre.

Haut., 24 cent.; larg., 15 cent.

SAINT-AUBIN

(GABRIEL DE)

275 — *Esther et Assuérus.*

Importante composition.

Dessin au crayon noir.

Haut., 35 cent.; larg., 42 cent.

SAINT-AUBIN

(GABRIEL DE)

276 — *Intérieur d'abbaye avec personnages.*

Signé des initiales.

Croquis à la plume et à la sépia.

Haut., 18 cent.; larg., 15 cent.

SAINT-QUENTIN

277 — *Bacchante étendue au pied d'un arbre, le haut du corps appuyé sur un coussin.*

Pastel.

Signé à gauche.

Cadre en bois sculpté.

Haut., 28 cent.; larg., 43 cent.

SAVIGNAC
(LIOU DE)

(DEUX PENDANTS)

278 — *Paysage baigné par une rivière.*

279 — *Paysage montagneux.*

Gouaches.

Haut., 17 cent.; larg., 23 cent.

SCHENAU

280 — *La Ménagère.*

Vue de face, assise sur une chaise et tenant un fruit dans la main.
Dessin aux trois crayons.
Cadre en bois sculpté.

Haut., 42 cent.; larg., 26 cent.

SERGENT

281 — *La Rose mal défendue.*

Aquarelle de forme ovale.
Cadre en bois sculpté.

Haut., 22 cent.; larg., 18 cent.

SWEBACH

282 — *La Course de chevaux.*

Signé à droite : *S. W.*
Dessin à l'encre de Chine.

Haut., 25 cent.; larg., 38 cent.

TAUNAY
(NICOLAS)

283 — *Paysage avec berger, bergères et animaux.*

Aquarelle gouachée.
Cadre en bois sculpté.

Haut., 36 cent.; larg., 44 cent.

VAN LOO
(D'après)
(DEUX PENDANTS)

284 — *La Peinture.*

285 — *L'Architecture.*

Compositions gravées par FESSARD.
Aquarelles.
Cadres en bois sculpté et doré en deux tons.

Haut., 27 cent.; larg., 30 cent.

WATTEAU
(Genre d'ANTOINE)

286 — *Feuilles d'études.*

Jeune homme assis, Scapin, buste et tête de femme.
Dessin à la pierre noire et à la sanguine.
Cadre en bois sculpté.

Haut., 33 cent.; larg., 25 cent.

WATTEAU
(Genre de LOUIS)

287 — *Le Repas champêtre.*

Dessin à la pierre d'Italie.
Cadre en bois sculpté.

Haut., 31 cent.; larg., 23 cent.

WILLE
(PIERRE-ALEXANDRE)

288 — *La Promenade.*

Une dame, vue de face, un châle autour des épaules, s'appuie sur une une jeune fille, tenant un chien en laisse. A gauche, une fillette portant un panier de raisins et un oiseau sur la main.

Dessin à la plume, rehaussé d'aquarelle.

Cadre en bois sculpté.

Haut., 27 cent ; larg., 21 cent.

ÉCOLE FRANÇAISE
(XVe siècle)

289 — *Seigneurs et courtisanes.*

Feuillet de manuscrit.

Gouache sur vélin, rehaussée d'or.

ÉCOLE FRANÇAISE

290 — *Portrait présumé de la dame de Thorigny.*

Vue de trois quarts, tournée vers la gauche, en buste, les cheveux relevés, un voile derrière la tête ; elle porte un corsage orné de perles.

Dessin au crayon noir et à la sanguine.

Cadre en bois sculpté.

Haut., 31 cent.; larg., 22 cent.

ÉCOLE FRANÇAISE
(XVIe siècle)

291 — *Portrait présumé de Jeanne d'Albret.*

Vue en buste, de trois quarts, tournée vers la gauche, elle porte une coiffe et une guipure de dentelle enrichie de pierres précieuses.

Dessin au crayon noir et à la sanguine.

Cadre en bois sculpté.

Haut., 30 cent.; larg., 21 cent.

ÉCOLE FRANÇAISE

292 — *Portrait d'Artiste.*

Une jeune femme debout, en élégante toilette, présente au spectateur un portrait de femme âgée, qu'elle vient de dessiner ; au bas, sur une tablette, un écusson et les attributs de la peinture.

Dessin au crayon noir, rehaussé de blanc.

Haut., 54 cent.; larg., 37 cent.

ÉCOLE FRANÇAISE

293 — *La Fête de l'Agriculture au Champ de Mars, en 1793.*

Dessin à la sépia.

Cadre en bois sculpté.

Haut., 36 cent.; larg., 52 cent.

ÉCOLE FRANÇAISE

294 — *Rêverie.*

Jeune femme en robe de mousseline, les cheveux épars, un pied posé sur une marche.

Dessin au crayon noir, rehaussé de blanc.

Haut., 47 cent ; larg., 34 cent.

ÉCOLE FRANÇAISE

295 — *Perspective d'un palais à colonnade.*

Au premier plan, un pont orné de pylones et de statues, animé de figures.

Dessin à la plume.

Haut., 36 cent.; larg., 57 cent.

ÉCOLE FRANÇAISE

296 — *Le Génie de la Maternité.*

Dessin de forme ronde, au bistre.

Haut., 31 cent.; larg., 24 cent.

ÉCOLE FRANÇAISE

297 — *Les Appas multipliés.*

Dessin à la mine de plomb et à l'encre de Chine.
Cadre en bois sculpté.

Haut., 19 cent.; larg., 16 cent.

ÉCOLE FRANÇAISE

298 — *Revue dans la cour d'un château.*

Dessin à la mine de plomb.
Cadre en bois sculpté, à fronton armorié et guirlande.

Haut., 15 cent.; larg., 21 cent.

ÉCOLE FRANÇAISE

299 — *Portrait d'Homme.*

En buste, les cheveux relevés, vu de trois quarts, tourné vers la gauche, il porte une large cravate noire sous le menton.
Dessin au crayon noir, rehaussé de blanc sur papier bleu.
Cadre en bois sculpté.

Haut., 40 cent.; larg., 29 cent.

ÉCOLE FRANÇAISE

300 — *Le Portrait chéri.*

Un gentilhomme est agenouillé devant un médaillon, représentant un buste de femme soutenu par trois figures allégoriques.

Dessin à la plume et au lavis d'encre de Chine.

Cadre en bois sculpté.

Haut., 17 cent.; larg., 12 cent.

ÉCOLE FRANÇAISE

301 — *Projet de Fontaine avec bascule.*

De nombreux personnages se promènent dans un bosquet formé de hautes charmilles.

Dessin à la plume.

Haut., 33 cent.; larg., 55 cent.

ÉCOLE FRANÇAISE

302 — *Portrait de Jeune Fille.*

En buste, les cheveux relevés et ornés de roses, elle est vue de trois quarts, tournée vers la droite, le cou découvert est entouré d'une collerette plissée.

Joli pastel.

Cadre en bois sculpté.

Haut., 31 cent.; larg., 23 cent.

ÉCOLE FRANÇAISE

303 — *Portrait de Jeune Femme.*

Vue à mi-corps, en corsage décolleté, orné de dentelles, les cheveux relevés, coiffée d'un bonnet à ruban, elle est assise devant une table où est posé un registre.

Pastel.

Haut., 63 cent.; larg., 52 cent.

ÉCOLE FRANÇAISE

304 — *Fillette tenant une corbeille de fleurs.*

Vue à mi-corps, tournée vers la gauche, en robe bleue décolletée, les cheveux sur le front et ornés d'un bouquet de fleurettes.

Pastel.

Cadre en bois sculpté.

Haut., 60 cent; larg., 46 cent.

ÉCOLE FRANÇAISE

305 — *Buste de Jeune Femme.*

La tête tournée vers la gauche, renversée en arrière et couverte d'un fichu de mousseline noué sous le menton.

Pastel.

Cadre en bois sculpté.

Haut., 33 cent.; larg., 23 cent.

ÉCOLE FRANÇAISE

306 — *Jeune garçon assis devant une table, coiffé d'un chapeau à cocarde, prenant une pêche dans un compotier.*

Pastel de forme ovale.

Haut., 51 cent.; larg., 41 cent.

ÉCOLE FRANÇAISE

307 — *Bergère endormie.*

Pastel.

Haut., 45 cent.; larg., 36 cent.

ÉCOLE FRANÇAISE

308 — *Jeune Femme en bergère.*

En buste, tournée vers la gauche.
Pastel.
Cadre en bois sculpté.

Haut., 33 cent.; larg., 24 cent.

ÉCOLE FRANÇAISE

309 — *Coiffures de femmes.*

Douze petites gouaches pour des boutons.
Cadre en bois sculpté.

ÉCOLE FRANÇAISE

310 — *La Modiste en danger.*

Gouache.

Haut., 28 cent.; larg., 22 cent.

ÉCOLE FRANÇAISE

311 — *La Belle Jardinière.*

Très jolie gouache de facture moderne, dans le goût du XVIIIe siècle.
Cadre de forme ovale, en bois sculpté doré en deux tons et formant une guirlande de roses.

Haut., 22 cent.; larg., 19 cent.

ÉCOLE FRANÇAISE

312 — *Lavoir au bord d'une rivière.*

Aquarelle gouachée.
Cadre en bois sculpté.

Haut., 18 cent.; larg., 28 cent.

ÉCOLE FRANÇAISE

313 — *Portrait présumé de Charlotte Corday, vue en buste.*

Dessin à la sanguine.

Haut., 47 cent.; larg., 34 cent.

ÉCOLE FRANÇAISE

314 — *Vue d'un château et d'un parc animé de figures.*

Aquarelle.

Haut., 20 cent.; larg., 55 cent.

ÉCOLE FRANÇAISE

315 — *Entrée d'un édifice de forme circulaire.*

Au premier plan, dans un parc, des dames et des gentilshommes.
Aquarelle.

Haut., 42 cent.; larg., 36 cent.

ÉCOLES ALLEMANDE, ANGLAISE,

FLAMANDE, HOLLANDAISE & ITALIENNE

BERGHEM
(NICOLAS)

316 — *Cavalier faisant l'aumône sur une route*

Dessin au crayon noir et au lavis d'encre de Chine.

Haut., 19 cent.; larg., 30 cent.

DURER
(D'après ALBERT)

317 — *L'Adoration des Mages.*

Gravé sur bois par le maître.
Dessin à la plume et au bistre.

Haut., 30 cent.; larg., 23 cent.

FALENS
(CHARLES VAN)

318 — *Le Départ pour la chasse au faucon.*

Dessin au lavis d'encre de Chine, rehaussé de gouache.
Cadre en bois sculpté.

Haut., 42 cent.; larg., 32 cent.

GUARDI

(FRANCESCO)

319 — *Vue prise à l'entrée d'un port.*

Animée de bateaux à voiles et de nombreuses figures.
Dessin à la plume lavé de sépia.

Haut., 25 cent.; larg., 46 cent.

GUARDI

(FRANCESCO)

320 — *Ruines d'un palais animé de figures.*

Dessin au bistre, rehaussé de blanc, sur papier bleu.
Cadre en bois sculpté.

Haut., 26 cent.; larg., 21 cent.

GOYEN

(JEAN VAN)

321 — *La Halte au haut de la colline.*

Signé du monogramme et daté 1643.
Dessin au crayon noir.

Haut., 15 cent.; larg., 28 cent.

HOUBRAKEN

(ARNOLD)

322 — *Scène d'atelier.*

Fin dessin à la mine de plomb, cintré dans la partie supérieure.
Signé à droite.

Haut., 28 cent.; larg., 18 cent.

LANGENDYCK
(DIRCK)

323 — *Le Bivouac.*

Au premier plan, des soldats et des vivandières autour d'un feu.
Signé à gauche.
Important dessin au lavis d'encre de Chine.

Haut., 47 cent.; larg., 63 cent.

LEONE LEONI

324 — *Portrait de Dame en grande collerette plissée.*

Vue de face, à mi-corps, les cheveux relevés et frisés.
Dessin au crayon noir, rehaussé de blanc, sur papier gris.
Cadre en bois sculpté.

Haut., 22 cent.; larg., 26 cent.

LEONE LEONI

325 — *Portrait d'une Dame de qualité.*

A mi-corps, presque de face, les cheveux relevés, un col rabattu sur un corsage montant.
Dessin aux crayons de couleur, sur papier gris.
Cadre en bois sculpté.

Haut., 22 cent.; larg., 15 cent.

LEONE LEONI

326 — *Jeune Femme en buste.*

Dessin aux crayons de couleur.
Cadre en bois sculpté.

Haut., 23 cent.; larg., 15 cent.

LE PARMESAN

(MAZZUOLI FRANÇOIS, DIT)

327 — *Sujet biblique.*

Encadré dans un portique à voussure, représentant le Père Éternel et des anges en adoration.

Dessin à l'encre de Chine, rehaussé de blanc, sur papier bleu.

Cadre en bois sculpté.

Haut., 40 cent.; larg., 26 cent.

MOLYN

(PIERRE)

328 — *Cavaliers et piétons sur une route traversant un paysage d'une vaste étendue.*

Signé et daté 1659.

Dessin au crayon noir et à la sépia.

Cadre en bois sculpté.

MOUCHERON

(FRÉDÉRIC)

329 — *Vue d'une colonnade prise d'une terrasse ornée d'une statue sur un socle.*

Signé au centre.

Dessin à l'encre de Chine et à la sépia.

Haut., 19 cent.; larg., 28 cent.

MOUCHRON
(FRÉDÉRIC)

(DEUX PENDANTS)

330 — *Vues de parcs ornés de colonnes, vases, etc.*

Dans l'un, des musiciens; dans l'autre, un groupe de trois femmes autour d'une corbeille de fleurs.

Dessin à la plume et au bistre, rehaussé d'aquarelle.

Haut., 35 cent.; larg., 28 cent.

NILSON
(ELIE)

331 — *Portrait équestre du grand Frédéric.*

Dessin à la plume et à l'encre de Chine.
Cadre en bois sculpté.

Haut., 28 cent.; larg., 18 cent.

OSTADE
(D'après ADRIEN VAN)

332 — *Intérieur de cabaret.*

Aquarelle.
Cadre en bois sculpté.

Haut., 24 cent.; larg., 38 cent.

REMBRANDT (?)
(HERMANZ VAN RYN)

333 — *Sujet tiré de l'Ancien Testament.*

Un vieillard, debout, tenant dans sa main gauche un glaive, tandis que la main droite est étendue dans la direction d'un homme qu'on voit à mi-corps.

Dessin à la plume et à l'encre de Chine.

Haut., 21 cent.; larg., 18 cent.

REMBRANDT

(Attribué à VAN RYN)

334 — *Abraham renvoyant Agar.*

Le jeune Ismaël reçoit la bénédiction du patriarche.
Dessin à la plume et au lavis de sépia.

Haut., 21 cent.; larg., 29 cent.

REYNOLDS

(D'après SIR JOSUA)

335 — *Portrait de Mrs Hope.*

Assise, vue de trois quarts, les mains jointes, coiffée d'un bonnet de mousseline blanche serré par un ruban bleu; elle porte une robe jaune et une mantille de dentelle noire retombant sur chacun de ses bras.

Pastel.

Gravé, avec variante en manière noire, par HODGES en 1788.

Haut., 85 cent.; larg., 63 cent.

ROWLANDSON

336 — *Le Pont de Londres.*

Un taureau, échappé et poursuivi par des gens armés, épouvante les passants qui fuient de toutes parts. Des femmes sont renversées, deux voitures de voyageurs sont arrêtées à droite et à gauche.

Jolie composition, traitée avec tout l'humour et l'esprit de l'artiste.

Aquarelle.

Cadre en bois sculpté.

Haut., 33 cent.; larg., 48 cent.

ROWLANDSON

337 — *La Place du marché à Whattam Abbey.*

De nombreux acheteurs entourent les éventaires et les étalages des marchands en plein vent.

Au fond, la tour de l'Abbaye.

Aquarelle.

Signée et datée : *Rowlandson 1811.*

Cadre en bois sculpté.

Haut., 31 cent.; larg., 50 cent.

ROWLANDSON

338 — *Le Départ du camp.*

Aquarelle.

Signée et datée 1800.

A été gravée.

Cadre en bois sculpté.

Haut., 30 cent.; larg., 19 cent.

ROWLANDSON

(Attribué à)

339 — *Une Rue de village.*

A gauche, un char à bancs rempli de promeneurs. A droite, un soldat embrassant une femme.

Composition humoristique.

Aquarelle.

Haut., 30 cent.; larg., 44 cent.

RUBENS
(PIERRE-PAUL)

340 — *Le Triomphe de l'Eucharistie sur l'Ignorance et l'Aveuglement.*

Une jeune femme, vêtue d'amples vêtements flottant et portant l'Eucharistie, est assise sur un char traîné par quatre chevaux blancs, conduits par autant de figures allégoriques, représentées par des jeunes filles. Un des chevaux est monté par un ange tenant un dais en forme de parasol sur le manche duquel sont attachées les clefs papales entrelacées. Dans les airs, des anges et des génies, dont l'un tient la tiare qu'il va poser sur la figure symbolisant l'Eucharistie. La Discorde et l'Envie sont écrasées sous les roues du char, derrière lequel marchent l'Ignorance et l'Aveuglement personnifiés, l'un par un homme en buste, avec un bandeau sur les yeux, l'autre par un vieillard à tête chauve et oreilles d'âne.

Cette belle et importante composition a éte peinte pour le cloître de Loeches, près de Madrid, et exécutée en tapisserie.

Gravée par Shelte A. Bolswert.

Dessin au lavis d'aquarelle, rehaussé de gouache.

Haut., 50 cent.; larg., 75 cent.

RUBENS
(École de PIERRE-PAUL)

341 — *L'Amour et la musique.*

Composition allégorique de cinq figures, entourée d'un motif architectural.

Dessin au lavis, rehaussé d'aquarelle.

Haut., 26 cent.; larg., 31 cent.

RUBENS
(École de PIERRE-PAUL)

342 — *La Chute des réprouvés.*

Dessin au crayon noir et à l'encre de Chine, avec rehauts de blanc sur papier jaune.

Cadre en bois sculpté.

Haut., 53 cent.; larg., 41 cent.

RUBENS

(PIERRE-PAUL)

340 — *Le Triomphe [illegible] sur [illegible] et l'Aveuglement.*

Une jeune [illegible] tant l'Eucharistie, est assi[illegible] [illegible], conduits par autant de [illegible] jeunes filles. Un des chevaux [illegible] forme de parasol sur le manche [illegible] entrelacées. Dans les airs, des [illegible] tiare qu'il va poser sur la figure symbolis[illegible]. La [illegible] et l'Envie sont écrasées sous les [illegible] du [illegible] derrière lequel marchent l'Ignorance et l'Aveuglement personn[illegible] l'un par un homme en buste, avec un bandeau sur les yeux, l'autre par un vieillard à tête chauve et oreilles d'âne.

Cette belle et importante composition a été peinte pour le cloître de Loeches, près de Madrid, et exécutée en tapisserie.

Gravée par Shelte A. Bolswert.

Dessin au lavis d'aquarelle, rehaussé de gouache.

Haut., [illegible] cent., larg., [illegible] cent.

RUBENS

([illegible] PIERRE-PAUL)

[illegible]

[illegible] gorique de [illegible]

[illegible]

[illegible] crayon noir [illegible] papier jaune [illegible]

[illegible] 41 [illegible]

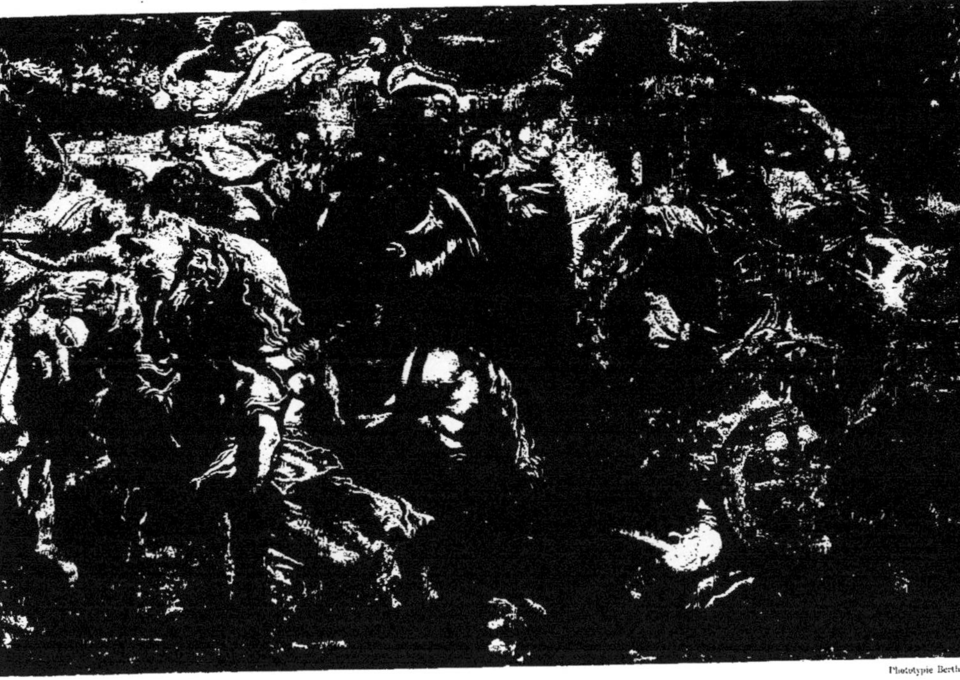

Phototypie Berthaud.

SANDBY

343 — *Vue de la terrasse du château de Windsor.*

Aquarelle.

Haut., 30 cent.; larg., 45 cent.

TIEPOLO
(DOMINIQUE)

344 — *La Fuite en Égypte.*

Dessin au bistre.

Haut., 46 cent.; larg., 36 cent.

TIEPOLO
(DOMINIQUE)

345 — *La Présentation au temple.*

Dessin à la sanguine.

Haut., 46 cent.; larg., 35 cent.

TIEPOLO
(DOMINIQUE)

346 — *Sujet tiré du Nouveau Testament.*

Dessin à la sépia.

Haut., 46 cent.; larg., 36 cent.

VERKOLJE
(NICOLAS)

347 — *Le Déjeuner dans le parc.*

Assemblée de six personnages : dames et gentilshommes servis par un négrillon.

Dessin à la plume et au lavis, rehaussé de gouache.

Cadre en bois sculpté.

Haut., 32 cent.; larg., 38 cent.

WEISS

348 — *Vue de la Cathédrale de Strasbourg.*

Signé et daté 1745.

Gravé pour les *Fêtes de Strasbourg.*

Dessin sur lavis d'encre de Chine.

Cadre en bois sculpté.

Haut., 62 cent.; larg., 47 cent.

ÉCOLE ALLEMANDE

349 — *Portrait d'un Maréchal tenant son bâton de commandement.*

Dessin aux crayons de couleur.

Cadre en bois sculpté.

Haut., 55 cent.; larg., 41 cent.

ÉCOLE ANGLAISE

350 — *Portrait de Femme.*

En buste, coiffée d'un bonnet, les yeux baissés, la tête appuyée sur la main dans l'attitude de la méditation.

Dessin de forme ovale, au crayon noir et à la sanguine.

Cadre en bois sculpté.

Haut., 50 cent.; larg., 40 cent.

ÉCOLE FLAMANDE

351 — *Kermesse.*

Composition animée d'une multitude de personnages.
Dessin à l'encre de Chine.
Cadre en bois sculpté.

Haut., 22 cent.; larg., 31 cent.

ÉCOLE OMBRIENNE

352 — *Vierge en buste.*

Dessin à la mine de plomb.

Haut., 19 cent.; larg., 14 cent.

(*Collection du baron Triquetti.*)

353 — Sous ce numéro seront vendus les dessins, aquarelles, gouaches ou pastels non catalogués.

CADRES

354 — Deux cadres, Renaissance, bois noir incrusté d'os.

Ouverture. Haut., 220 millim.; larg., 165 millim.

355 — Cadre ovale, bois doré, feuilles et baguettes enrubannées. xviie siècle.

Ouverture. Grand diamètre, 225 millim.
Petit diamètre, 17 cent.

356 — Cadre, bois doré, feuilles et coquilles alternées. xviie siècle.

Ouverture. Long., 22 cent.; larg., 16 cent.

357 — Cadre, bois doré, petites feuilles. xviie siècle.

Ouverture. Long., 32 cent.; larg., 22 cent.

358 — Cadre, bois doré, feuilles. xviie siècle.

Ouverture. Long., 22 cent.; larg., 17 cent.

359 — Deux cadres, bois doré, feuillages. xviie siècle.

Ouverture. Long., 19 cent.; larg., 13 cent.

360 — Cadre, bois doré, feuilles de chêne et glands. xviie siècle.

Ouverture. Long., 425 millim.; larg., 32 cent.

361 — Cadre, bois doré, feuilles. xviie siècle.

Ouverture. Long., 24 cent.; larg., 18 cent.

362 — Cadre, bois doré, feuilles, rubans. Époque Louis XIV.

Ouverture. Larg., 23 cent.; long., 185 millim.

363 — Cadre, bois doré, à petites bordures. xviie siècle.

Ouverture. Long., 25 cent.; larg., 18 cent.

364 — Cadre, bois doré, feuilles enrubannées. xviie siècle.
Ouverture. Long., 77 cent.; larg., 62 cent.

365 — Cadre, bois doré, feuilles de laurier et rubans. xviie siècle.
Ouverture. Long., 73 cent.; larg., 59 cent.

366 — Cadre, bois ajouré et doré, rinceaux et feuillages. xviie siècle.
Ouverture. Long., 30 cent.; larg., 24 cent.

367 — Cadre, bois ajouré et doré, feuilles et fleurs. xviie siècle.
Ouverture. Long., 36 cent.; larg., 26 cent.

368 — Cadre, bois doré, grosses feuilles. xviie siècle.
Ouverture. Long., 16 cent.; larg., 11 cent.

369 — Cadre, bois doré, fleurs et feuilles. xviie siècle.
Ouverture. Larg., 24 cent.; larg., 17 cent.

370 — Cadre long, bois doré, feuilles et petits rubans. xviie siècle.
Ouverture. Long., 41 cent.; larg., 19 cent.

371 — Cadre, bois doré, cordelette, gorge et petites feuilles. xviie siècle.
Ouverture. Long., 31 cent.; larg., 19 cent.

372 — Cadre, bois doré, fleurs, feuilles et glands de chêne. xviie siècle.
Ouverture. Long., 65 cent.; larg., 52 cent.

373 — Cadre, bois doré, rinceaux et fleurs. xviie siècle.
Ouverture. Long., 32 cent.; larg., 25 cent.

374 — Cadre, bois ajouré et doré, feuillages. xviie siècle.
Ouverture. Long., 23 cent.; larg., 15 cent.

375 — Cadre, bois doré, rinceaux, feuilles et palmettes. Époque Louis XIV.
Ouverture. Long., 33 cent.; larg., 35 cent.

376 — CADRE, bois doré, feuilles et fleurs. Époque Louis XIV.

Ouverture. Long., 31 cent.; larg., 22 cent.

377 — CADRE, bois doré, feuilles et fleurs. XVIIe siècle.

Ouverture. Long., 51 cent.; larg., 36 cent.

378 — DEUX CADRES, bois doré, palmettes, rinceaux et quadrillés. Époque Louis XIV.

Ouverture. Long., 695 millim.; larg., 530 millim.

379 — CADRE, bois doré, feuilles de laurier. XVIIe siècle.

Ouverture. Long., 76 cent.; larg., 59 cent.

380 — CADRE, bois doré, feuilles de laurier et gorge unie. XVIIe siècle.

Ouverture. Long., 71 cent.; larg., 59 cent.

381 — CADRE, bois doré, feuilles et fleurs. XVIIe siècle.

Ouverture. Long., 79 cent.; larg., 60 cent.

382 — CADRE, bois ajouré et doré, branchages. XVIIe siècle.

Ouverture. Long., 755 millim.; larg., 525 millim.

383 — CADRE OVALE, bois doré, feuilles de laurier. Époque Louis XIV.

Ouverture. Grand diamètre, 32 cent.
Petit diamètre, 24 cent.

384 — CADRE OVALE, bois doré, feuilles. Époque Louis XIV.

Ouverture. Grand diamètre, 14 cent.
Petit diamètre, 11 cent.

385 — DEUX CADRES OVALES, bois doré, rinceaux et quadrillés; fronton à nœud de ruban. Époque Louis XIV.

Ouverture. Grand diamètre, 19 cent.
Petit diamètre, 15 cent.

386 — CADRE OVALE, bois doré, feuilles de laurier. Époque Louis XIV.

Ouverture. Grand diamètre, 22 cent.
Petit diamètre, 15 cent.

387 — Cadre ovale, bois doré, palmettes et fleurs. Époque Louis XIV.

Ouverture. Grand diamètre, 95 millim.
Petit diamètre, 85 millim.

388 — Cadre ovale, bois doré, feuilles, fleurs et rubans. Époque Louis XIV.

Ouverture. Grand diamètre, 52 cent.
Petit diamètre, 44 cent.

389 — Cadre, à ouverture ovale, bois doré, angles ornés de fleurs. Époque Louis XIV.

Ouverture. Grand diamètre, 10 cent.
Petit diamètre, 8 cent.

390 — Cadre ovale, bois doré, feuillages. Époque Louis XIV.

Ouverture. Grand diamètre, 81 cent.
Petit diamètre, 63 cent.

391 — Cadre, bois sculpté, entrelacs. Époque Louis XIV.

Ouverture. Long., 11 cent.; larg., 7 cent.

392 — Cadre, bois doré, feuilles. Époque Louis XIV.

Ouverture. Long., 9 cent.; larg., 7 cent.

393 — Cadre, bois doré, feuilles. Époque Louis XIV.

Ouverture. Long., 14 cent.; larg., 11 cent.

394 — Cadre, bois doré, fleurettes et feuilles. Époque Louis XIV.

Ouverture. Long., 14 cent.; larg., 10 cent.

395 — Cadre, bois doré, à feuilles et quadrillés. Époque Louis XIV.

Ouverture. Long , 24 cent.; larg., 18 cent.

396 — Cadre, bois doré, feuilles et rinceaux. Époque Louis XIV.

Ouverture. Long., 275 millim.; larg., 185 millim.

397 — Cadre, bois doré, feuilles, fleurs et gorge. Époque Louis XIV.

Ouverture. Long., 34 cent.; larg., 27 cent.

398 — Cadre, bois doré, fleurs aux angles. Époque Louis XIV.

Ouverture. Long., 25 cent.; larg., 15 cent.

399 — Cadre, bois doré, feuilles et palmettes aux angles. Époque Louis XIV.

Ouverture. Long., 18 cent.; larg., 11 cent.

400 — Deux cadres, bois doré, rinceaux, fleurs et feuillages. Époque Louis XIV.

Ouverture. Long., 72 cent.; larg., 59 cent.

401 — Cadre, bois doré, palmettes et rinceaux. Époque Louis XIV.

Ouverture. Long., 30 cent.; larg., 23 cent.

402 — Cadre, bois doré, rinceaux, feuilles et rubans. Epoque Louis XIV.

Ouverture. Long., 63 cent.; larg., 45 cent.

403 — Cadre, bois doré, feuilles de laurier et rubans. Epoque Louis XIV.

Ouverture. Long., 60 cent.; larg., 48 cent.

404 — Cadre, bois doré, rinceaux, palmettes aux angles, quadrillés dans les milieux. Epoque Louis XIV.

Ouverture. Long., 55 cent.; larg., 34 cent.

405 — Cadre, bois doré, rinceaux et quadrillés. Epoque Louis XIV.

Ouverture. Long., 74 cent.; larg., 58 cent.

406 — Deux cadres, en bois sculpté et doré, rinceaux et quadrillés. Epoque Louis XIV.

Ouverture. Long., 315 millim.; larg., 240 millim.

407 — Cadre en bois sculpté et doré, feuillages. Epoque Louis XIV.

Ouverture. Long., 35 cent.; larg., 26 cent.

408 — Cadre, bois doré, feuilles et fleurs. Epoque Louis XIV.

Ouverture. Long., 35 cent.; larg., 23 cent.

409 — Cadre, bois doré, rinceaux, angles ornés de volutes, milieux gravés à fleurons. Epoque Louis XIV.

Ouverture. Long., 52 cent.; larg., 39 cent.

410 — Cadre, bois doré, feuillages. Epoque Louis XIV.

Ouverture. Long., 455 millim.; larg., 365 millim.

411 — Cadre, bois doré, rinceaux et petites feuilles. Epoque Louis XIV.

Ouverture. Long., 00 cent.; larg., 00 cent.

412 — Cadre, bois doré, rinceaux et feuillages. Epoque Louis XIV.

Ouverture. Long., 98 cent.; larg., 73 cent.

413 — Cadre, bois doré, rinceaux, quadrillés et feuilles aux angles et dans les milieux. Epoque Louis XIV.

Ouverture. Long., 445 millim.; larg., 25 cent.

414 — Deux cadres, bois doré, fleurs et rinceaux. Epoque Louis XIV.

Ouverture. Long., 19 cent.; larg., 15 cent.

415 — Cadre, bois doré, rinceaux et quadrillés. Epoque Louis XIV.

Ouverture. Long., 24 cent.; larg., 15 cent.

416 — Cadre, bois doré, rinceaux et fleurettes. Epoque Louis XIV.

Ouverture. Long., 21 cent.; larg., 14 cent.

417 — Cadre, bois doré, rinceaux et feuilles. Epoque Louis XIV.

Ouverture. Long., 15 cent.; larg., 11 cent.

418 — Cadre, bois doré, fleurs et palmettes aux angles. Époque. Louis XIV.

Ouverture. Long., 72 cent.; larg., 57 cent.

419 — Cadre, bois doré, rinceaux, fronton à coquille. Époque Louis XIV.

Ouverture. Long., 80 cent.; larg. 54 cent.

420 — Cadre, bois doré, rinceaux, quadrillés aux angles et dans les milieux. Époque Louis XIV.

Ouverture. Long., 35 cent.; larg., 26 cent.

421 — Deux cadres, bois doré, fleurs et palmettes, aux angles et dans les milieux. Époque Louis XIV.

Ouverture. Long., 52 cent.; larg., 36 cent.

422 — Cadre, bois doré, rinceaux et quadrillés. Époque Louis XIV.

Ouverture. Long., 14 cent.; larg., 12 cent.

423 — Deux cadres, bois doré, feuilles aux angles. Époque Louis XIV.

Ouverture. Long., 40 cent.; larg., 31 cent.

424 — Deux cadres, bois doré, feuilles d'acanthe et de laurier. Époque Louis XIV.

Ouverture. Long., 43 cent.; larg., 33 cent.

425 — Deux cadres, bois doré, feuillages. Époque Louis XIV.

Ouverture. Long., 72 cent.; larg., 48 cent.

426 — Cadre, bois doré, rinceaux et feuilles. Époque Louis XIV.

Ouverture. Long., 23 cent.; larg., 17 cent.

427 — Cadre, bois doré, rosaces et entrelacs, palmettes aux angles et dans les milieux. Époque Louis XIV.

Ouverture. Long., 1 m. 35 cent.; larg., 91 cent.

428 — Deux cadres, bois doré, feuillages. Époque Louis XIV.

Ouverture. Long., 24 cent.; larg., 18 cent.

429 — Cadre, bois doré, feuilles et fleurs, avec gorge et cordon de feuillages comme bordure intérieure, et feuilles d'acanthe comme bordure extérieure. Époque Louis XIV.

Ouverture. Long., 32 cent.; larg., 22 cent.

430 — Cadre, bois doré, rinceaux et palmettes. Époque Louis XIV.

Ouverture. Long., 16 cent.; larg., 12 cent.

431 — Cadre, à ouverture ronde, bois doré, feuilles et fleurs. Époque Louis XIV.

Ouverture. Diam., 43 cent.

432 — Cadre rond, bois doré, moulures et agrafes. Époque Régence.

Ouverture. Diam., 20 cent.

433 — Cadre, bois ajouré et doré, palmettes et rinceaux aux angles. Époque Régence.

Ouverture. Long., 40 cent.; larg., 31 cent.

434 — Cadre, bois doré, feuilles, rinceaux et quadrillés. Époque Régence.

Ouverture. Long., 62 cent.; larg., 53 cent.

435 — Cadre, bois doré, guirlandes de fleurs et coquilles, cartouches aux angles. Époque Régence.

Ouverture. Long., 34 cent.; larg., 26 cent.

436 — Cadre, bois doré, moulures, petit fronton à palmette. Époque Régence.

Ouverture. Long., 18 cent.; larg., 12 cent.

437 — Cadre, bois ajouré et doré, quadrillés et rinceaux. Époque Régence.

Ouverture. Long., 53 cent.; larg., 35 cent.

438 — Cadre, bois doré, rinceaux, rosaces aux angles, coquilles au milieu des côtés. Epoque Régence.

Ouverture. Long., 62 cent.; larg., 43 cent.

439 — Deux cadres, bois doré, petites feuilles et moulures variées, fronton à coquille et feuilles. Epoque Régence.

Ouverture. Long., 48 cent.; larg., 70 cent.

440 — DEUX CADRES, bois doré, angles ornés de coquilles. Epoque Régence.

Ouverture. Long., 235 millim.; larg., 170 millim.

441 — CADRE, bois doré, moulures, petit fronton rocaille. Epoque Régence.

Ouverture. Long., 43 cent.; larg., 62 cent.

442 — CADRE, bois ajouré et doré, rinceaux enguirlandés, coquilles aux angles et dans les milieux. Epoque Régence.

Ouverture. Long., 20 cent.; larg., 16 cent.

443 — CADRE, en bois sculpté et doré, à décor de godrons obliques et feuillages. Epoque Régence.

Ouverture. Long., 80 cent.; larg., 62 cent.

444 — CADRE, bois doré, feuilles. Époque Louis XV.

Ouverture. Long., 14 cent.; larg., 11 cent.

445 — CADRE, bois doré, rocailles. Époque Louis XV.

Ouverture. Long., 15 cent.; larg., 10 cent.

446 — CADRE, bois doré, moulures et petites feuilles. Epoque Louis XV.

Ouverture. Long., 26 cent.; larg., 18 cent.

447 — CADRE, bois doré, godrons. Époque Louis XV.

Ouverture. Long., 54 cent.; larg., 44 cent.

448 — DEUX CADRES, bois doré, godrons, petites feuilles et moulures. Epoque Louis XV.

Ouverture. Long., 59 cent.; larg., 47 cent.

449 — CADRE, bois ajouré et doré, volutes. Époque Louis XV.

Ouverture. Long., 55 cent.; larg., 24 cent.

450 — CADRE, bois ajouré et doré, motifs rocaille, coquilles aux angles. Époque Louis XV.

Ouverture. Long., 270 millim.; larg., 185 millim.

451 — Cadre, bois doré, godrons, fronton à rocailles. Époque Louis XV.

Ouverture. Haut., 32 cent.; larg., 41 cent.

452 — Cadre en largeur, bois doré, moulures et fronton rocaille. Époque Louis XV.

Ouverture. Haut., 53 cent.; long., 76 cent.

453 — Cadre, bois doré, godrons et petites feuilles. Epoque Louis XV.

Ouverture. Long., 78 cent.; larg.; 63 cent.

454 — Cadre, bois doré, motifs rocaille, angles à fleurettes. Epoque Louis XV.

Ouverture. Long., 47 cent.; larg., 34 cent.

455 — Cadre long, bois doré, angles ornés de rocailles. Epoque Louis XV.

Ouverture. Long., 17 cent.; larg., 35 cent.

456 — Cadre, bois doré, moulures, fronton aux armes de France. Epoque Louis XV.

Ouverture. Haut., 63 cent.; long., 42 cent.

457 — Cadre, bois doré, moulures, fronton à cartouche rocaille et guirlandes de feuilles. Epoque Louis XV.

Ouverture. Haut., 29 cent.; larg., 32 cent.

458 — Cadre, bois gravé et doré, rinceaux, rocailles aux angles. Epoque Louis XV.

Ouverture. Long., 22 cent.; larg., 16 cent.

459 — Cadre, bois ajouré et doré, volutes, fleurs, rocailles; aux angles, des coquilles. Époque Louis XV.

Ouverture. Long., 20 cent.; larg., 15 cent.

460 — Cadre, bois ajouré et doré, feuillages et fleurs; coquilles aux angles. Époque Louis XV.

Ouverture. Long., 16 cent.; larg., 13 cent.

461 — Cadre, bois ajouré et doré, rinceaux et volutes ; coquilles aux angles. Epoque Louis XV.

Ouverture. Long., 17 cent.; larg., 11 cent.

462 — Cadre, bois ajouré et doré, rinceaux ; palmettes aux angles. Epoque Louis XV.

Ouverture. Long., 22 cent.; larg., 17 cent.

463 — Très petit cadre oblong, en bois ajouré et sculpté, à dessin de rinceaux, cartouches et quadrillés. xviiie siècle.

Ouverture. Haut., 67 millim.; larg., 81 millim.

464 — Cadre italien, en largeur, bois doré, guirlandes et feuilles de chêne. Milieu du xviiie siècle.

Ouverture. Haut., 46 cent.; larg., 68 cent.

465 — Cadre, bois doré, rocailles. Milieu du xviiie siècle.

Ouverture. Long., 29 cent.; larg., 21 cent.

466 — Cadre, de forme contournée, bois ajouré, avec traces de dorure, rocailles et fleurs. Milieu du xviiie siècle.

Ouverture. Haut., 39 cent.; larg., 38 cent.

467 — Cadre, bois doré, palmettes aux angles et dans les milieux. Milieu du xviiie siècle.

Ouverture. Long., 49 cent.; larg., 35 cent.

468 — Cadre, bois doré, feuillages. xviiie siècle.

Ouverture. Long., 47 cent.; larg., 34 cent.

469 — Cadre, bois doré, feuillages. xviiie siècle.

Ouverture. Long., 360 millim.; larg., 295 millim.

470 — Deux cadres, bois ajouré et doré, rinceaux et fleurs, cartouches aux angles, Epoque Louis XV.

Ouverture. Long., 225 millim.; larg., 170 millim.

471 — Deux cadres, bois doré, coquilles aux angles, motifs rocaille sur les milieux des côtés. Époque Louis XV.

Ouverture. Long., 21 cent.; larg., 15 cent.

472 — Cadre rond, bois doré, plate-bande, perles et rais de cœur Louis XVI.

Ouverture. Diam., 7 cent.

473 — Deux cadres ovales, bois doré, rubans et fleurs. Époque Louis XVI.

Ouverture. Grand diamètre, 28 cent.
Petit diamètre, 21 cent.

474 — Cadre ovale, bois doré, plate-bande, perles et feuilles d'acanthe. Époque Louis XVI.

Ouverture. Grand diamètre, 58 cent.
Petit diamètre, 47 cent.

475 — Cadre ovale, bois doré, plate-bande, pirouettes et feuilles d'acanthe. Époque Louis XVI.

Ouverture. Grand diamètre, 53 cent.
Petit diamètre, 43 cent.

476 — Cadre rond, bois doré, oves, plate-bande, et rais de cœur. Époque Louis XVI.

Ouverture. Diam., 32 cent.

477 — Cadre ovale, bois sculpté, feuilles et rubans. Époque Louis XVI.

Ouverture. Grand diamètre, 15 cent.
Petit diamètre, 11 cent.

478 — Cadre ovale, bois doré, feuilles. Fin du XVIIIe siècle.

Ouverture. Grand diamètre, 15 cent.
Petit diamètre, 11 cent.

479 — Cadre ovale, bois doré, feuilles et plate-bande. Époque Louis XVI.

Ouverture. Grand diamètre, 17 cent.
Petit diamètre, 13 cent.

480 — Deux cadres ovales, bois doré, plate-bande et rais de cœur. Epoque Louis XVI.

Ouverture. Grand diamètre, 22 cent.
Petit diamètre, 17 cent.

481 — Cadre ovale, bois doré, fronton à ruban et pendentif de fleurs. Époque Louis XVI.

Ouverture. Grand diamètre, 24 cent.
Petit diamètre, 16 cent.

482 — Deux cadres ovales, bois doré, plate-bande, fronton à nœud de rubans. Époque Louis XVI.

Ouverture. Grand diamètre, 22 cent.
Petit diamètre, 18 cent.

483 — Cadre ovale, bois doré, feuilles de laurier. Epoque Louis XVI.

Ouverture. Grand diamètre, 67 cent.
Petit diamètre, 56 cent.

484 — Cadre ovave, bois doré, plate-bande, fronton à nœud de rubans et guirlande de feuilles. Epoque Louis XVI.

Ouverture. Grand diamètre, 55 cent.
Petit diamètre, 49 cent.

485 — Cadre ovale, bois doré, plate-bande, fronton à couronne de fleurs et nœud de ruban. Époque Louis XVI.

Ouverture. Grand diamètre, 60 cent.
Petit diamètre, 49 cent.

486— Cadre ovale, bois doré, 'plate-bande, fronton à couronne de fleurs, nœud de rubans et branches de chêne. Époque Louis XVI.

Ouverture. Grand diamètre, 71 cent.
Petit diamètre, 60 cent.

487 — Cadre, bois doré, rangs de perles, plate-bande et rais de cœur. Époque Louis XVI.

Ouverture. Long., 18 cent.; larg., 12 cent.

488 — Cadre, bois doré, rubans, rangs de perles et plate-bande. Epoque Louis XVI.

Ouverture. Long., 10 cent.; larg., 9 cent.

489 — Cadre, bois doré, feuilles. Epoque Louis XVI.

Ouverture. Long., 15 cent., larg., 12 cent.

490 — Cadre, bois doré, petites feuilles et pirouettes. Époque Louis XVI.

Ouverture. Long., 43 cent.; larg., 33 cent.

491 — Cadre, bois doré, canaux, feuilles aux angles. Epoque Louis XVI.

Ouverture. Long., 22 cent.; larg., 15 cent.

492 — Cadre, bois doré, fronton à couronne de fleurs. Époque Louis XVI.

Ouverture. Long., 12 cent.; larg., 10 cent.

493 — Cadre, bois doré, fronton à nœud de ruban et guirlandes. Époque Louis XVI.

Ouverture. Haut., 78 cent.; long., 60 cent.

494 — Cadre, bois doré, entrelacs, fronton à rubans et feuilles Fin du XVIIIe siècle.

Ouverture. Haut., 53 cent.; larg., 36 cent.

495 — Cadre, bois doré, nœud de ruban et guirlandes de laurier. Epoque Louis XVI.

Ouverture. Haut., 49 cent.; larg., 32 cent.

496 — Cadre, bois doré, plate-bande, perles et feuilles d'acanthe. Époque Louis XVI.

Ouverture. Long., 64 cent.; larg., 53 cent.

497 — Cadre, bois doré, rubans et pirouettes. Époque Louis XVI.

Ouverture. Long., 59 cent.; larg., 47 cent.

498 — Cadre, bois doré, tore de laurier et pirouettes. Epoque Louis XVI.

Ouverture. Long., 1 m. 7 cent.; larg., 63 cent.

499 — Cadre, bois doré, plate-bande, cordon de perles et feuillages. Époque Louis XVI.

Ouverture. Long., 80 cent.; larg., 63 cent.

500 — Cadre, bois doré, fronton : épis de blé et raisin. Epoque Louis XVI.

Ouverture. Long., 55 cent.; larg., 36 cent.

501 — Cadre, bois doré, feuilles d'acanthe. Epoque Louis XVI.

Ouverture. Long., 75 cent.; larg., 62 cent.

502 — Cadre, bois doré, feuilles d'acanthe. Epoque Louis XV.

Ouverture. Long., 68 cent.; larg., 56 cent.

503 — Cadre, bois doré, feuillages, fronton à fleurs et cartouches. Epoque Louis XVI.

Ouverture. Haut., 365 millim.; larg., 535 millim.

504 — Cadre, bois doré, fronton à nœud de ruban. Epoque Louis XVI.

Ouverture. Haut., 180 millim.; larg., 275 millim.

505 — Cadre, bois doré, canaux, plate-bande, feuilles aux angles. Epoque Louis XVI.

Ouverture. Long., 73 cent.; larg., 58 cent.

506 — Cadre, bois doré, tore de laurier, gorge pirouettes, et nœud de rubans. Époque Louis XVI.

Ouverture. Haut., 74 cent.; larg., 57 cent.

507 — Cadre, bois doré, feuilles de laurier. Epoque Louis XVI.

Ouverture. Long., 22 cent.; larg., 17 cent.

508 — Deux cadres, bois avec traces de dorure, feuillages. Epoque Louis XIV.

Ouverture. Haut., 20 cent.; larg., 14 cent.

509 — Cadre, bois doré, plate-bande, fronton à rubans. Époque Louis XVI.

Ouverture. Haut., 15 cent.; larg., 19 cent.

510 — Cadre, bois doré, moulures, fronton à vase et guirlandes de laurier. Epoque Louis XVI.

Ouverture. Haut., 55 cent.; larg., 69 cent.

511 — Cadre, bois doré, rangs de perles, fronton à cartouche et guirlande de laurier. Epoque Louis XVI.

Ouverture. Haut., 57 cent.; larg., 43 cent.

512 — Deux cadres, bois noir et or: moulures, fronton à nœud de rubans. Epoque Louis XV.

Ouverture. Haut., 38 cent.; larg., 51 cent.

513 — Cadre, bois doré, plate-bande, fronton et cartouche avec guirlande de fleurs. Époque Louis XVI.

Ouverture. Haut., 25 cent.; larg., 20 cent.

514 — Cadre, bois doré, feuilles d'acanthe, perles, plate-bande et rais de cœur. Epoque Louis XVI.

Ouverture. Long., 33 cent.; larg., 23 cent.

515 — Cadre, bois peint, baguette enrubannée, rosaces aux angles. Epoque Louis XVI.

Ouverture. Long., 63 cent.; larg., 49 cent.

516 — Cadre, bois doré, oves et perles. Epoque Louis XVI.

Ouverture. Long., 175 millim.; larg., 145 millim.

517 — Cadre, bois doré, feuilles d'acanthe, plate-bande et cordons de perles. Epoque Louis XVI.

Ouverture. Long., 68 cent.; larg., 40 cent.

518 — Cadre, bois doré, rangs de perles, plate-bande et rais de cœur. Epoque Louis XVI.

Ouverture. Long., 61 cent.; larg., 49 cent.

519 — Cadre, bois doré, rangs de perles, plate-bende et rais de cœur. Epoque Louis XVI.

Ouverture. Long., 58 cent.; larg., 48 cent.

520 — Cadre, bois doré, pirouettes, plate-bande, feuilles. Epoque Louis XVI.

Ouverture. Long., 59 cent.; larg. 50 cent.

521 — Cadre, bois doré, entrelacs, feuilles aux angles. Époque Louis XVI.

Ouverture. Long., 62 cent.; larg., 36 cent.

522 — Cadre, bois doré, feuilles d'acanthe et plate-bande. Époque Louis XVI.

Ouverture. Long., 52 cent.; larg., 36 cent.

523 — Cadre, bois doré, canaux, feuilles aux angles. Époque Louis XVI.

Ouverture. Long., 81 cent.; larg., 57 cent.

524 — Cadre long, bois doré, baguette enrubannée. Époque Louis XVI.

Ouverture. Long., 85 cent.; larg., 43 cent.

525 — Cadre, bois doré, plate-bande unie et pirouettes. Époque Louis XVI.

Ouverture. Long., 79 cent.; larg., 63 cent.

526 — Cadre, bois doré, feuilles et pirouettes. Époque Louis XVI.

Ouverture. Long., 77 cent.; larg., 74 cent.

527 — Cadre, bois doré, feuilles d'acanthe, oves, rubans. Époque Louis XVI.

Ouverture. Long., 43 cent.; larg., 35 cent.

528 — Cadre, bois doré, rosaces et entrelacs. Époque Louis XVI.

Ouverture. Long., 59 cent.; larg., 38 cent.

529 — Cadre, bois doré, feuilles. Époque Louis XVI.

Ouverture. Long., 65 cent.; larg., 50 cent.

530 — Cadre, bois doré : fronton fleurdelysé et pendentifs de fleurs Louis XVI.

Ouverture. Haut., 39 cent.; larg., 31 cent.

531 — Cadre, bois doré, plate-bande, rangs de perles et feuilles d'acanthe ; partie supérieure ornée de guirlandes de fleurs retenues par des anneaux ; fronton à couronne de fleurs avec cordelettes. Époque Louis XVI.

Ouverture. Haut., 63 cent.; larg., 50 cent.

532 — Deux cadres, bois sculpté, baguette et guirlande de feuillages, plate-bande et rais de cœur. Epoque Louis XVI.

Ouverture. Long., 42 cent.; larg., 32 cent.

533 — Deux cadres à crossettes, bois doré, plate-bande et pendentifs de laurier, fronton à rubans et guirlandes de laurier. Époque Louis XVI.

Ouverture. Haut., 28 cent.; larg., 39 cent.

534 — Deux cadres, bois doré, plate-bande et rais de cœur avec feuilles en bas; fronton à nœud de ruban. Époque Louis XVI.

Ouverture. Haut., 32 cent.; larg., 23 cent.

535 — Cadre, bois doré, rosaces, rubans. Époque Louis XVI.

Ouverture. Long., 1 m. 60 cent.; larg., 1 m. 23 cent.

536 — Deux cadres, bois doré, perles, feuilles et rais de cœur. Fin du xviiie siècle.

Ouverture. Long., 26 cent.; larg., 18 cent.

537 — Cadre de glace hollandaise, bois doré ; fronton à médaillon contenant une grisaille, cul-de-lampe à draperie. Fin du xviiie siècle.

Ouverture. Haut., 81 cent.; larg., 41 cent.

538 — Cadre de glace hollandaise, à crossettes, bois doré, guirlandes de fleurs. Fin du xviiie siècle.

Ouverture. Haut., 65 cent.; larg., 50 cent.

539 — Cadre, bois doré, feuilles et quadrillés.

Ouverture. Haut., 30 cent.; larg., 21 cent.

540 — Cadre, bois ajouré et doré, rinceaux.

Ouverture. Long., 205 millim.; larg., 150 millim.

FAIENCES, PORCELAINES

541 — Plat rond présentant une vue de palais. Faïence italienne du XVIIIe siècle.

542 — Ecritoire ornée d'une statuette de Chinois. Faïence du XVIIIe siècle.

543 — Plat creux, ancienne faïence italienne : amours, chute à compartiments.

544 — Hanap, décor de fleurs. Ancienne faïence de Rhodes.

545 — Plat creux en ancienne faïence de Rhodes, palmettes et fleurs.

546 — Petit plat en ancienne faïence de Rhodes à décor rayonnant.

547 — Deux plats ronds à ombilic variés en ancienne faïence hispano-mauresque à reflets métalliques, décorés de palmettes et feuillages.

548 — Plat rond à ombilic, même faïence, décor à reflets métalliques avec rehauts de bleu.

549 — Deux bouteilles, décor bleu, style chinois. Delft.

550 — Hanap en grès brun allemand orné de figures d'apôtres. Année 1657.

551 — Deux petits groupes d'amours. Saxe.

552 — Deux figurines, joueur de cornemuse et personnage de la Comédie Italienne. Saxe.

553 — Lion couché en porcelaine blanche de Saxe.

PORCELAINES DE LA CHINE
ET DU JAPON

554 — Assiette ornée d'oiseaux et fleurs; marli à décor blanc sur blanc. Ancienne porcelaine de Chine, famille rose.

555 — Assiette, fleurs, marli en blanc sur blanc. Même porcelaine.

556 — Compotier, fleurs au centre, rosaces en bleu à la chute. Ancienne porcelaine de Chine, famille rose.

557 — Plat rond décoré de fleurs. Ancienne porcelaine de Chine, famille rose.

558 — Plat rond, décoré de fleurs et volatiles, marli à trois réserves de fleurs. Ancienne porcelaine de Chine, famille rose.

559 — Plat rond, décoré de feuilles d'eau. Ancienne porcelaine de Chine, famille rose.

560 — Plat rond, en ancienne porcelaine de Chine, famille rose. Armoiries de style européen. Marli carrelé.

561 — Plat rond, en ancienne porcelaine de Chine, famille rose, fleurs; marli à médaillons de fleurs.

562 — Deux assiettes, fleurs et lambrequins. Ancienne porcelaine de Chine, famille rose.

563 — Deux assiettes, fleurs, ancienne porcelaine de Chine, famille rose.

564 — Plat rond, décor polychrome et doré, scène familiale; marli à réserves sur fond de rinceaux dorés. Ancienne porcelaine de Chine, famille rose.

565 — Plat rond, en ancienne porcelaine de Chine, famille rose, arbuste au centre, fleurs au marli.

566 — Soupière ronde avec couvercle et plateau en ancienne porcelaine de Chine, famille rose, présentant les huit Immortels.

567 — Deux pots ronds variés avec couvercles en ancienne porcelaine de Chine, famille rose, fleurs sur fond capucin.

568 — Pot ovoïde avec couvercle, en ancienne porcelaine de Chine, famille rose, fleurs et lambrequins.

569 — Bol, fleurs et lambrequins. Ancienne porcelaine de Chine, famille rose.

570 — Jardinière ronde, en ancienne porcelaine de Chine, famille rose, réserves de dragons sur fond rose chargé de fleurs.

571 — Deux jardinières hexagones, en ancienne porcelaine de Chine, famille rose, à personnages.

572 — Deux petites jardinières oblongues, ornées de poissons. Chine.

573 — Statuette, en ancienne porcelaine de Chine, famille rose, femme debout, vêtue de blanc et de vert.

574 — Groupe de deux personnages en ancienne porcelaine de Chine, famille rose, sujet galant.

575 — Deux statuettes, en ancienne porcelaine de Chine, famille rose, de femmes debout, portant une fleur tenant lieu de porte-lumière.

576 — Deux statuettes de personnages chinois debout, la femme portant un enfant. Ancienne porcelaine de Chine, famille rose.

577 — Deux autres, personnages debout, vêtus l'un d'une robe verte, l'autre d'une robe jaune. Même porcelaine.

578 — DEUX AUTRES, personnages debout, robe rose, robe rouge. Même porcelaine.

579 — DEUX AUTRES : femme et enfant ; femme auprès d'un tronc d'arbre. Même porcelaine.

580 — DEUX AUTRES, Kouan-in assise. Même porcelaine.

581 — DEUX AUTRES, personnages debout. Ancienne porcelaine de Chine, émaillée sur biscuit.

582 — DEUX PITONGS, variés, ornés de personnages. Ancienne] porcelaine de Chine, familles verte et rose.

583 — BOL à pans, attributs et chrysanthèmes sur fonds bleus et blancs alternés. Ancienne porcelaine de Chine, famille verte.

584 — DEUX CACHE-POTS, ronds, variés, avec deux plateaux et un couvercle, en ancienne porcelaine de Chine, feuille verte, décor de fleurs et rinceaux.

585 — DEUX ASSIETTES creuses, dragons. Ancienne porcelaine de Chine, famille verte

586 — DEUX COMPOTIERS, en ancienne porcelaine de Chine, famille verte, fleurs et oiseaux.

587 — PETIT PLAT, ancienne porcelaine de Chine, famille verte, sujet familial.

588 — PETIT PLAT, même porcelaine, oiseau et arbuste.

589 — PLAT ROND, décor rayonnant, fleurs, avec rosace au centre. Ancienne porcelaine de Chine, famille verte.

590 — PLAT OCTOGONE, arbuste, marli à réserves. Ancienne porcelaine de Chine, famille verte.

591 — Plat creux, femme et enfants auprès d'une haie fleurie. Ancienne porcelaine de Chine, famille verte.

592 — Deux plats ronds, vases de fleurs, marli à compartiments d'animaux chimériques et de fleurs. Ancienne porcelaine de Chine, famille verte.

593 — Plat creux, fleurs et rochers, chute à petits compartiments de fleurs. Ancienne porcelaine de Chine, famille verte.

594 — Plat rond, ancienne porcelaine de Chine, famille verte, oiseau et fleurs ; marli orné de papillons.

595 — Plat rond, oiseaux et feuilles d'eau, marli carrelé. Ancienne porcelaine de Chine, famille verte.

596 — Plat creux, corbeille de fleurs, chute à compartiments. Ancienne porcelaine de Chine, famille verte.

597 — Coupe ronde, avec son couvercle, décor de dragons. Ancienne porcelaine de Chine, famille verte.

598 — Paire de lampes, formées chacune d'une potiche en ancienne porcelaine de Chine, famille verte, à personnages; monture en bronze.

599 — Vase, à col évasé, en ancienne porcelaine de Chine, famille verte, décoré d'un sujet familial.

600 — Vase rouleau, en ancienne porcelaine de Chine, famille verte, fleurs et rochers.

601 — Compotier à décor bleu, sujet familial dans un jardin, chute à petits médaillons de fleurs, fruits et insectes sur fond quadrillé.

602 — Deux assiettes, marli à entrelacs bleu et or. Ancienne porcelaine de Chine.

603 — Plateau creux, fleurs à la chute, compartiment contenant chacun un médaillon. Ancienne porcelaine de Chine.

604 — Plat rond, décor doré sur fond bleu-soufflé. Chine.

605 — Paire de canards en ancienne porcelaine de Chine, formant boites.

606 — Carpe, formant boite. Chine.

607 — Deux petites bouteilles décorées de fleurs et feuilles sur fond jaune. Ancienne porcelaine de Chine.

608 — Jardinière ronde, ornée d'un semis de médaillons, décorés en bleu. Chine.

609 — Jardinière hexagonale, décorée de dragons. Chine.

610 — Deux cornets, ornés d'attributs. Chine.

611 — Bouteille, décorée de dragons en bleu sur fond strié rouge de cuivre simulant les flammes. Ancienne porcelaine de Chine.

612 — Deux statuettes de Chinois debout, à vêtements ornés de rinceaux en bleu. Chine.

613 — Onze assiettes variées, en ancienne porcelaine de Chine.

614 — Deux bols : haie fleurie ; bouteille et deux petites coupes variées. Japon.

615 — Deux bouteilles, arbustes fleuris. Japon.

616 — Compotier, paysage, chute à compartiments. Japon.

617 — Plat rond, décor bleu, rouge et or, fleurs, marli orné de chevaux. Ancienne porcelaine du Japon.

618 — Plat creux, décor rayonnant bleu, rouge et or, chrysanthèmes Ancienne porcelaine du Japon.

619 — Plat creux, décor bleu, rouge et or, fleurs. Japon.

620 — Deux plats creux, fleurs et volatiles. Japon.

621 — Plat creux à bords lobés, arbustes. Japon.

622 — Plat creux, à réserves; au centre, deux petits fruits. Japon.

623 — Deux cornets, kiosques, volatiles et fleurs. Japon.

624 — Deux cornets, arbustes, Japon.

625 — Deux potiches, avec couvercles, et deux cornets, décor bleu, rouge et or, de fleurs et rinceaux. Japon.

626 — Sous ce numéro, Théières, pots à lait, tasses, etc. Ancienne porcelaine de Chine et du Japon.

627 — Encrier, orné d'une figurine de divinité assise. Céramique japonaise.

628 — Deux bols, personnages. Cie des Indes.

BOITES ET MINIATURES

629 — Boite ronde, décorée d'un amour, au vernis de Brunswick et tabatière ovale Louis XVI, en argent gravé.

630 — Deux boites, l'une ovale Louis XVI, en cuivre gravé et doré; l'autre oblongue Louis XV, galuchat et cuivre.

631 — Boite longue, en cuivre, ornée d'une intaille sur agate, et boite longue à deux compartiments en cuivre émaillé à fleurettes.

632 — Boite, de forme contournée, en cuivre émaillé, figures mythologiques sur fond blanc. XVIIIe siècle.

633 — Deux médaillons ronds, peints au vernis dans la manière de Greuze : la Marchande de fruits et la Bonne Ménagère.

634 — Cinq miniatures, à l'huile, sur cuivre et bois. Portraits. XVIIe siècle. Encadrées.

635 — Trois miniatures : Portraits d'hommes et de femmes.

636 — Miniature du XVIIIe siècle, basse-cour : poules et coqs à têtes humaines. Montée sur un couvercle de boite.

637 — Miniature. Portrait de femme, genre Fragonard.

638 — Miniature rectangulaire : Vénus du Titien, cadre en bronze doré.

639 — Miniature rectangulaire : le Peintre et son modèle.

640 — Petite miniature ovale, d'après Coypel : Renaud et Armide.

641 — Petite gouache ronde du XVIIIe siècle : Paysage animé. Cadre en argent et strass.

642 — Miniature rectangulaire sur ivoire, attribuée à Charlier : Jeune femme à demi-nue, assise sur un lit de repos, fond de paysage. Cadre en bois doré, à cannelures et feuillages.

643 — Miniature ovale sur ivoire, attribuée à Charlier : Jeune femme à moitié nue, étendue sur un canapé. Cadre en bois doré.

644 — Cinq petites gouaches, par Ernest Ciceri : Vues d'Italie.

ORFÈVRERIE

615 — Cinq plats ronds variés, en argent, à filets, dont quatre chiffrés ou armoriés. xviiie siècle.

646 — Neuf plats ronds variés, en argent, à filets, dont deux armoriés. xviiie siècle.

647 — Plat carré en argent, à filets. Commencement du xixe siècle.

648 — Deux petits creux en argent, à bordure ornée de petits godrons. xviiie siècle,

649 — Bassin d'aiguière en argent, bordure à petits godrons. xviiie siècle.

650 — Gobelet en argent, à décor de bandes ornées. xviiie siècle.

651 — Quatre cuillers variées, en argent.

652 — Deux salières doubles, en argent ajouré, à décor de guirlandes et têtes de béliers ; poignée en forme d'urne. xviiie siècle. Chiffrées.

653 — Moutardier à galerie ajourée sur plateau fixe, en argent, décor de fleurs et motifs rocaille. xviiie siècle.

654 — Moutardier à deux anses, avec couvercle et pied rond, en argent ajouré et doré, à décor de guirlandes et mascarons. Époque Louis XVI.

(*Collection Pichon.*)

655 — Moutardier en argent ajouré, décor de guirlandes, cartouche et amours. Époque Louis XVI.

656 — Quatre salières en argent ajouré, à décor de guirlandes et mascarons. Époque Louis XVI.

657 — Deux salières en argent ajouré, à décor de feuillages.

658 — Cafetière en argent, à déversoir, orné de guirlande et à trois petits pieds également enguirlandés. Armoriée. Époque Louis XVI.

(*Collection Pichon.*)

659 — Chocolatière en argent uni. xviiie siècle.

660 — Cafetière en argent uni, à trois petits pieds, bouton de couvercle en forme de fleur. xviiie siècle.

661 — Légumier avec couvercle et plateau rond en argent; oreilles ornées de coquilles; bouton de couvercle en forme de graine; bordure de petits godrons. xviiie siècle.

(*Collection Pichon.*)

662 — Porte-huilier en argent à décor de moulures, galeries ajourées, avec bouchons également en argent. Chiffré. xviiie siècle.

663 — Saucière en argent, à poignée ornée de feuilles, avec plateau. Chiffrée. xviiie siècle.

(*Collection Pichon.*)

664 — Deux sucriers variés, en argent, à décor de génies, avec couvercles. Époque Empire.

665 — Paire de flambeaux-balustres en argent, à décor de guirlandes, avec cartouche à la base.

666 — Paire de flambeaux en argent, à décor d'entrelacs et oves. xviiie siècle.

RELIURES

667 — QUATRE VOLUMES variés, reliures de cuir doré, fonds rouge, vert et jaune. Commencement du XIXe siècle.

668 — QUATRE PIÈCES, reliures et volumes reliés, maroquin rouge doré, filets et petits ornements. XVIIIe siècle.

669 — CINQ PIÈCES, reliures et volumes reliés; maroquin rouge doré, encadrements. XVIIIe siècle.

670 — CINQ PIÈCES, reliures, et volumes reliés, maroquin rouge et cuir fauve dorés : quadrillés, fleurs, trophées, initiales couronnées, de diverses époques.

671 — 1 VOL., reliure, maroquin rouge doré, triple encadrement et fleurons. XVIIIe siècle.

672 — 1 VOL., reliure en cuir fauve, aux armes d'un dauphin de France. XVIIIe siècle.

673 — SIX PIÈCES, reliures et volumes reliés, variés, aux armes de France. XVIIIe siècle.

674 — RELIURE, maroquin rouge doré, aux armes des d'Orléans. XVIIIe siècle.

675 — QUATRE RELIURES variées, armoiries de prélats. XVIIIe siècle.

676 — 1 VOL., reliure en maroquin rouge doré, aux armes de Mme de Pompadour.

677 — DIX PIÈCES, reliures et volumes reliés variés, armoriés, de diverses époques.

678 — Reliure, en maroquin rouge doré, encadrements composés de fleurons et d'étoiles. xviiie siècle.

679 — 1 vol., reliure maroquin rouge doré, encadrements avec motif de rinceaux et palmettes au centre. xviiie siècle.

680 — Trois pièces, reliures, et volume relié, maroquin rouge doré, filets et encadrements. xviiie siècle.

681 — Reliure, maroquin rouge doré, aux armes des d'Orléans. xviiie siècle.

682 — 1 vol., reliure, maroquin rouge doré, écusson armorié supporté par deux griffons et timbré d'une couronne comtale. xviiie siècle.

683 — 1 vol. in-folio, le Sacre de Louis XV, avec planches. Reliure en cuir vert doré, aux armes de France, avec encadrements au chiffre du roi. xviiie siècle.

684 — 1 vol. in-folio : Fêtes publiques données par la Ville de Paris à l'occasion du mariage de Monseigneur le Dauphin en 1745, avec planches. Reliure en cuir doré, aux armes de la Ville de Paris. xviiie siècle.

685 — Environ vingt-deux volumes variés, de grand format, du xviiie siècle, maroquin et cuir dorés. Seront divisés.

OBJETS DIVERS

686 — Jeu de trou-madame.

687 — Rouet en bois sculpté.

688 — Deux lyres, de *Mareschal, à Paris*. Fin du xviiie siècle.

689 — Guitare incrustrée de nacre, de *Fevrot, à Lyon*, 1793.

690 — HUIT PIÈCES, netzukés et boutons, ivoire et bois. Japon.

691 — PERSONNAGE sur un chien de Fô, bronze de la Chine.

692 — GRAND VERRE à pied gravé, avec couvercle, décor d'arcades et amours. XVIIIe siècle.

693 — GRAND VERRE à pied gravé, avec couvercle, décor d'animaux. XVIIIe siècle.

694 — CINQ VERRES à pied gravés, armoiries, fleurs et monogramme, XVIIIe siècle.

695 — STATUETTE, en marbre blanc : Vénus callipyge, d'après l'antique.

696 — PETIT TABLEAU peint sur albâtre : l'Assomption, école flamande. Cadre en bois sculpté et doré, à feuillages et rinceaux du temps de Louis XIV.

Ouverture du cadre. Haut., 13 cent.; long., 165 millim.

697 — JARDINIÈRE ronde, en cuivre rouge, à godrons.

698 — COFFRET, en bois incrusté d'ivoire gravé.

699 — MIROIR, dans un cadre italien, en bois noir, garni d'appliques, petits vases et volutes en bronze.

700 — BAROMÈTRE-THERMOMÈTRE Louis XVI, en bois doré, à décor de feuillages.

701 — LOT de baguettes en bois.

702 — QUATRE CONSOLES-APPLIQUES variées, bois doré, XVIIe et XVIIIe siècles.

703 — FRONTON de cadre, en bois doré : Colombes et attributs de l'Amour.

704 — Panneau, en bois sculpté et peint aux armes de France : Amours et guirlandes. xviiie siècle.

705 — Dessus de porte, bois peint blanc et doré : attributs et feuilles de chêne. xviiie siècle.

706 — Trois dessus de portes, en bois sculpté, peint vert et doré, à décor de rinceaux, vases, cornes d'abondance. xviiie siècle.

BRONZES, PENDULES

707 — Statuette, en bronze : Henri IV enfant, d'après Bozio.

708 — Statuette, en bronze : Vénus de Milo.

Haut., 84 cent.

709 — Petit buste, en bronze : la duchesse d'Etampes, par Aizelin. *Maison Barbedienne.*

Haut., 34 cent.

710 — Statuette, en bronze : la Joueuse d'osselets. *Maison Barbedienne.*

Haut., 20 cent.

711 — Tigre et crocodile, bronze de Barye. *Maison Barbedienne.*

712 — Statuette en bronze : Euterpe, d'après l'antique. *Maison Barbedienne.*

Haut., 29 cent.

713 — Statuette en bronze : la Diane de Gabies. *Maison Barbedienne.*

Haut., 87 cent.

714 — Deux cadres, bronze à motifs Louis XIV.

Haut, 25 cent.; larg., 18 cent.

715 — Paire de chenets, bronze doré, ornés de figures de chimères. Style Louis XVI.

716 — Paire de chenets en bronze doré, de style Louis XVI : vase enguirlandé sur base oblongue, à pieds cannelés. *Maison Beurdeley fils.*

717 — Paire de bras-appliques, à deux lumières, en bronze doré, à motifs rocaille, feuillages et fleurs.

718 — Paire de candélabres à trois lumières, en bronze doré, à motifs rocaille.

719 — Paire de flambeaux en bronze doré, à décor de cannelures.

720 — Paire de petits flambeaux, en bronze doré, à tige ornée de guirlandes et têtes humaines, et à base décorée de lambrequins. Style Louis XVI.

721 — Flambeau-colonnette, en bronze doré, à trois douilles porte-lumières, supportées par un plateau rond. Époque Louis XVI.

722 — Garniture de cheminée en bronze doré: pendule ornée de deux statuettes de bacchantes et deux candélabres à trois lumières décorées de sirènes. Style Louis XVI. *Maison Beurdeley fils.*

723 — Pendule-religieuse en marqueterie de cuivre et étain sur écaille couronnée de petits vases de flammes en bronze doré; cadran en bronze gravé et doré avec bas-relief, à sujet allégorique. xviie siècle.

724 — Pendule-religieuse, en marqueterie de cuivre sur écaille, garnie de bronzes : chutes et mascarons, feuillages, petits vases de flammes, bas-relief. xviie siècle.

725 — Pendule sur socle-applique, en marqueterie de cuivre sur écaille, garnie de bronzes : statuette, bas-relief, chutes, feuillages, etc. Époque Régence.

726 — Cartel en bronze doré, décoré de volutes, fleurs et feuillages. xviiie siècle.

SIÈGES, GLACES, MEUBLES

727 — Deux fauteuils en bois doré, à décor d'entrelacs, panaches, feuillages et cannelures, couvert en étoffe rayée et brochée.

728 — Deux fauteuils, à dossier-médaillon, en bois doré, pieds cannelés, couverts en étoffe rayée et brochée.

729 — Canapé en bois doré, à décor de rubans, couvert en étoffe rayée et brochée.

730 — Canapé en bois doré, à décor de fleurettes, couvert en ancienne soie brochée à fleurs sur fond blanc.

731 — Chaise Louis XV en bois sculpté, à motifs rocaille, siège et dossier cannés.

732 — Chaise Louis XV en bois sculpté et doré, à motifs rocaille et quadrillés.

733 — Huit chaises, en bois sculpté, à décor de palmettes et feuillages; siège et dossier cannés. Epoque et style Régence.

734 — Fauteuil, en bois sculpté, à décor de quadrillés, moulures et feuillages; croisillon d'entrejambes, siège et dossier cannés. Époque Régence.

735 — Deux chaises Louis XIII, couvertes en cuir clouté de cuivre.

736 — Glace, dans un cadre en bois sculpté et peint blanc à ruban; fronton formé d'un vase et de feuillages.

737 — Petite glace biseautée, dans un cadre en bois doré, orné d'un médaillon-buste et surmonté de guirlandes et d'une couronne de fleurs, avec épis de blé. Fin du xviiie siècle.

738 — Glace, dans un cadre Louis XIV, en bois sculpté, à quadrillés et rinceaux; palmette et fleurs au fronton.

739 — Glace, dans un cadre Louis XVI, en bois sculpté et doré, à décor de feuillages; fronton formé des attributs de l'Amour, d'une couronne et de guirlandes de feuillages.

740 — Glace, dans un cadre à fronton, en bois sculpté et doré, à décor de petites feuilles et rubans; fronton formé de trophées d'armes et d'instruments de musique. Époque Louis XVI.

741 — Glace rectangulaire, dans un cadre à fronton en bois sculpté et doré, à décor de guirlandes; fronton orné d'attributs des arts libéraux. Epoque Louis XVI.

742 — Vitrine plate rectangulaire, en bois sculpté et doré, sur pieds cambrés, à décor de palmettes, rinceaux et quadrillés.

743 — Console, à deux pieds reliés par une traverse; bois sculpté, à palmettes et feuillages. Epoque Régence. Tablette de marbre.

744 — Console, en bois doré, à quatre pieds cambrés, ceinture cannelée, ornée de trois rosaces sur le devant; dessus de marbre brèche d'Alep. xviiie siècle.

745 — Console, en bois sculpté et doré, à deux pieds ornés de dragons et reliés par une coquille ajourée; dessus de marbre blanc. xviiie siècle.

746 — Meuble, à deux corps et quatre portes, bois sculpté : décor de fleurs et moulures.

747 — Buffet, en bois sculpté, à corps supérieur vitré; décor de feuillages et quadrillés. Epoque Régence.

748 — Coffre, en bois sculpté, Renaissance, à décor de pilastres et de panneaux ornés de bustes et rinceaux. Serrure en fer.

749 — Meuble, à deux corps, en bois sculpté, avec incrustations de marbre, décor de personnages faisant de la musique; il ferme à quatre portes et est muni d'un tiroir. xvie siècle.

750 — Commode, à trois rangs de tiroirs, en bois de violette, garnie de bronze; poignées, entrées de serrures, chutes et sabots. Tablette de marbre. Epoque Louis XV.

751 — Commode Louis XV, à trois rangs de tiroirs, en bois de violette, garnie de bronzes. Dessus de marbre.

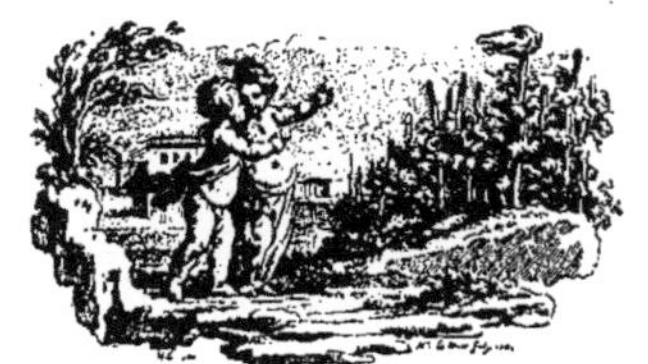

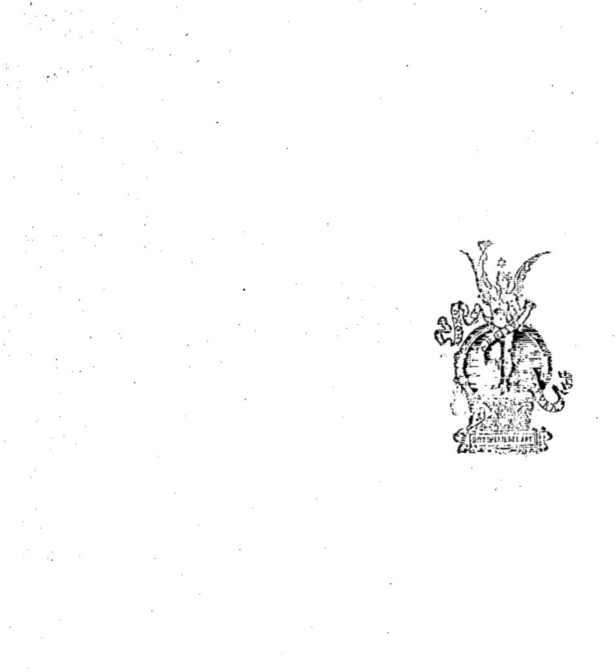

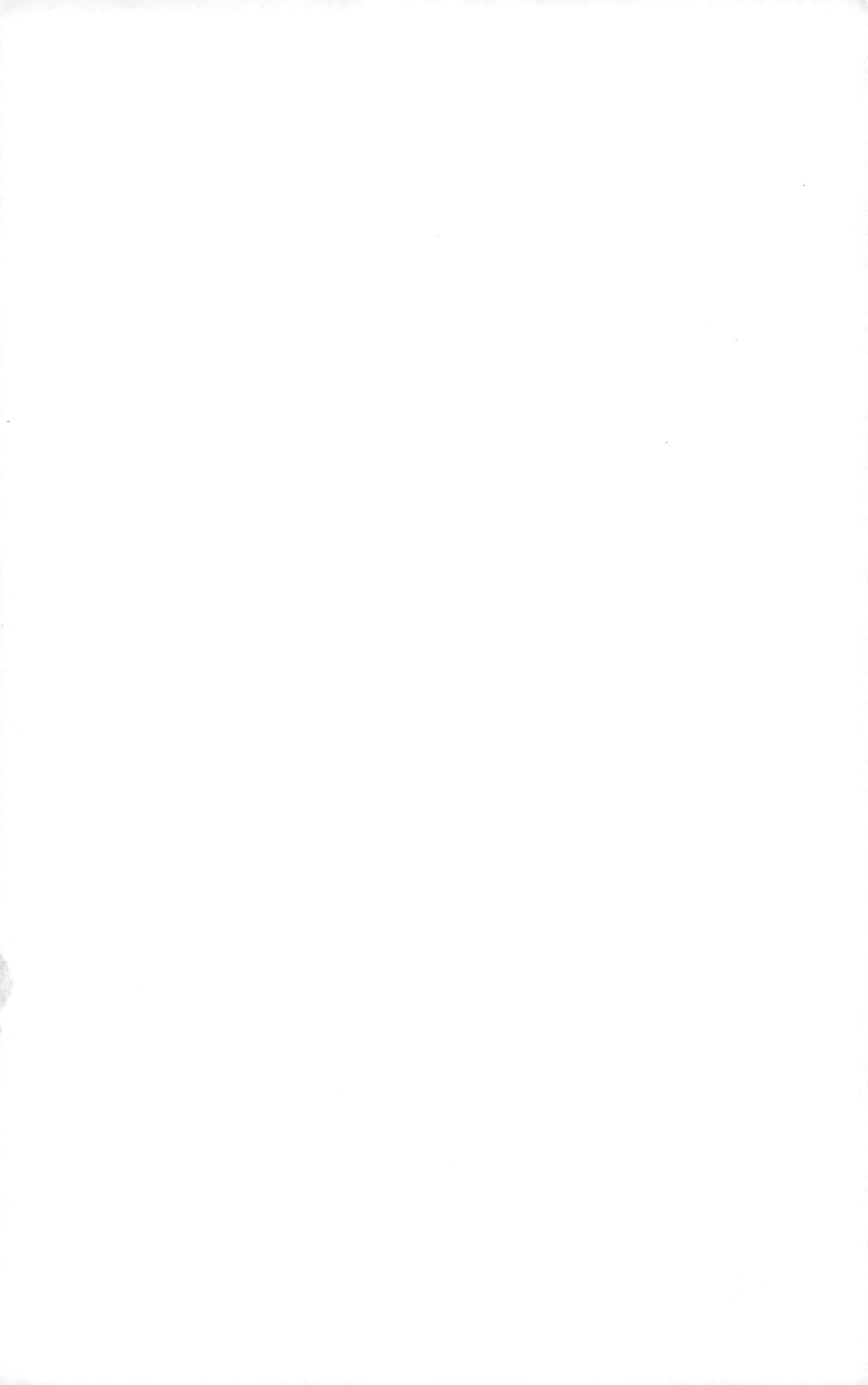

www.ingramcontent.com/pod-product-compliance
Ingram Content Group UK Ltd.
Pitfield, Milton Keynes, MK11 3LW, UK
UKHW021121220726
13924UKWH00004B/1842

9 782019 957988